リピーターを呼ぶ

感動サービス

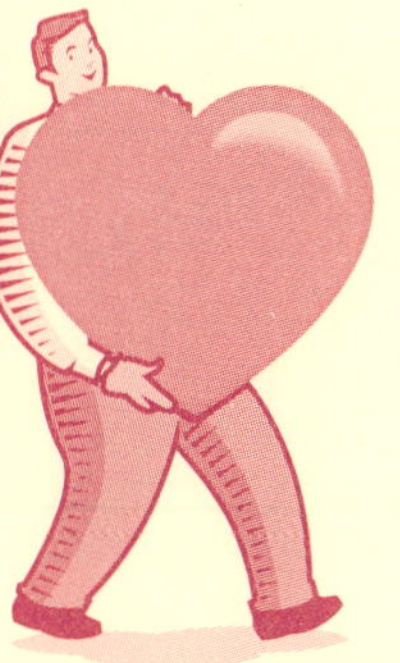

実例 チョットいい気分になる
接客と顧客対応

坂本光司 編著

同友館

はじめに

私たちが生活していく上で、買い物や飲食をしたり、仕事や旅行でホテルや旅館に宿泊したり、あるいはまた、移動のためにタクシーや電車に乗ったりすることは日常的に行なわれます。

そういう時に受けた、思いがけないサービスに、感動、感激、感嘆したり、あるいはそこまではいかなくても、チョットいい気分になった経験が、私たちには少なからずあります。こうした感動的サービスを目の当たりにすると、何か心が満たされたような気分になり、一日の疲れが吹き飛んでしまったり、その日一日が楽しいものになったりするのです。

こういう経験をした人は、その瞬間から、そのお店・会社のファンとなり、やがて、単なる「たまたま客」から「わざわざ客」「リピート客」に変化していきます。それどころかその人は、そのお店・会社があたかも自分の自慢であるかのように、親しい仲間に熱く語り伝えるものなのです。

一方、これとは全く逆の経験をすることも、また、山ほどあります。

例えば、商店、役所などに行った折、時々受ける「何しに来たんだ」といわんばかりの、横柄で無愛想な接客態度。
洋服店などで経験する、しつこすぎる付きまといのサービス。
顧客が目の前でサービスを待っているにもかかわらず、見て見ぬ振りをしたり、無頓着な対応。
車内清掃を本当にしているのだろうかと疑いたくなる薄汚れたタクシー。加えていえば、乗車した時の、あの一言も発せず、目的地まで突っ走るドライバーのサービスなどなど。

こうした悪質なサービスを受けると、正直私たちは、もう二度とこんな店に来るものか、二度とこの会社のタクシーになんか乗るものか、と思ってしまいます。そればかりか、こんな業者を認めている街には二度と来るものか、と思ってしまうことさえあります。

こうしたサービスが、たった一人の、たまたま虫の居所が悪かったスタッフが提供したもので、他の九九パーセントのスタッフには何ら問題がないとしても、私たちはそれを認め、許すことができません。というのは、その悪質なサービスを被った人にとっては、その組織と、そのサービスは一〇〇パーセントの不良品だからです。

そして私たちは、そうした嫌な、許しがたいサービスを、単に自分自身の胸に留めてはおかず、さっそく次の日から、仲間たちはいうに及ばず、あらゆる機会を捉えて、出会う人ごとに、その怒りを語りつづけていきます。

事はそれほど重大です。

しかし、自分たちが提供するサービスの質いかんが、組織の盛衰を決するほど重要だということを、全くといってよいほど理解・認識していない組織やスタッフが意外に多いのです。自分の店から客足が遠のき、売上げが減少したのを、不況のせいだ、政策のせいだとぼやき、その原因が、その組織の風土や文化、更にはその組織のスタッフのサービスの質にこそあるということを、ちっとも理解しようとしないのです。

本書は、組織やそのスタッフの方々に、サービスの重要性を訴え、その具体策を示すために執筆しました。

私たちが全国各地の小売店やレストラン、ホテル、旅館、テーマパーク、役所、工場、そしてタクシーや電車に乗車した折、実体験した感動的サービスや感動的文化、更にはチョットいい気分になったサービスを七十事例取り上げ、紹介しています。

そのうち四十五事例は私自身の体験や妻からの体験情報を元に執筆したものであり、残り二十五事例は、本書の趣旨に賛同し、情報を提供してくれた親しい研究仲間や学生たち、十九名からのものです。彼らの所属は、経営者あり、公務員あり、シンクタンクのスタッフあり、また、大学生、大学院生ありで、実に多彩なメンバーです。

その意味では、本書は、とかく感覚的、属人的な感動的サービスを、私一人の目ではなく、様々な人々の目と心を通じて紹介、証明することができたと思います。

なお本書で取り上げた、様々なサービスを提供する組織の名称は、その大半をアルファベットの頭文字のみで示しています。これは私たちも経験したことですが、サービスの提供は、その組織のスタッフによって両極端になる場合が間々あるからです。

ともあれ、いつものことですが、本書の執筆も実に多くの人々のお世話になりました。とりわけ、実質的な助手として頑張ってくれている浜松大学大学院経営学研究科の杉山友城君や、都内大学院で学んでいる私の長男洋介等には、原稿の人力や校正など、本書をまとめるにあたり、多大な支援を受けました。ここに厚くお礼申し上げます。

最後に本書の出版に賛同してくださった同友館の山田富男社長、並びにいつものことながら、私のわがままを聞いてくれ、短時日にまとめ上げてくれた出版部の脇坂康弘氏にはこの場を借りて心から厚くお礼申し上げます。

平成一四年四月吉日

福井県立大学地域経済研究所研究室にて
編著者　坂本　光司

目次

はじめに ● 1
序章 ● 10

――リピーターを呼ぶ感動サービス

01 勲章の手紙……東京ディズニーランド ● 15
02 遠くから見守って……衣料品売り場 ● 18
03 釣った魚を逃がす……自動車セールスマン ● 21
04 絶対にノーといわないお店……ノードストローム ● 23
05 妻の誕生日……フランス料理店 ● 27
06 急患への対応……歯科医院 ● 30
07 砂糖水の入った水差し……企業セミナー ● 33
08 老夫婦を感動させた女店員……ブランドショップ ● 36
09 テレビが故障した！……家電量販店 ● 39
10 お奨めのコース……ホテルのレストラン ● 42

11 訪問客への応対……食品メーカー●45
12 すべての顧客はVIP……タクシー会社●48
13 ワンストップの応対とは……企業の電話対応●51
14 感動情報を発信するインターネット……果物小売業●54
15 客の忘れ物……鉄道、ホテル●57
16 顧客志向に徹する……クリーニング店●59
17 サービスはマニュアルの外……ガードマン●62
18 感動しに行くリピーターたち……東京ディズニーランド●65
19 本日開店のこころ……多店舗菓子店●68
20 職場全体でもてなす……中小企業大学校●71
21 にせものの二十四時間サービス……トイレ関連製品メーカー●74
22 退屈させず、でしゃばらず……観光タクシー●77
23 部屋に最も合ったエアコンを薦める……家電量販店●80
24 気配りの伝わるお店……割烹料理店●83
25 最大のサービス産業……役所●86
26 店員の写真を飾る……菓子メーカー●89

目次

27 おやつ菓子創りに徹する……菓子メーカー● 92
28 マニュアルと融通……ホテルの駐車場● 96
29 カスタマー・オブ・ザ・マンス……スチューレオナード● 98
30 リピーターを創るサービス……美容院● 102
31 サービスを受ける権利……スキー場● 105
32 旅先で出会う「おかえりなさい」……旅人宿● 108
33 電車で受けた最高のサービス……駅員さん● 110
34 旅行者へのちょっとした親切……パン屋さん● 114
35 荷物を運んでくれた店員さん……雑貨店● 116
36 ママの手作り……スナック● 119
37 こころを暖かくする食事……病院の売店● 122
38 感動空間を提供するパリの店……シャンソン酒場● 124
39 人柄を伝えるネット通販……酒販店（その一）● 128
40 人と酒が好き……酒販店（その二）● 132
41 プラスのシナジー効果……ガソリンスタンド● 135
42 お詫びに来た社長……クリーニング店● 139

43 客を選ぶ？地域小売店……電気店 142
44 オーナーが書く「ハガキ通信」……洋服店 144
45 心のトゲ抜きをしてくれる商店街……巣鴨地蔵通り商店街 147
46 バスガイドさんで選ぶ……旅行会社 150
47 総合案内の価値……病院 153
48 献身的な運転手さん……広島の市電 156
49 薬を買ってきてくれた仲居さん……旅館 158
50 店は掃除で蘇る……カレーハウス 161
51 被災地へのボランティア……刃物メーカー、住宅設備メーカー 164
52 店員でわかる店の文化……和菓子店 167
53 社員思いに徹する……寒天メーカー（その一） 170
54 人件費はコストではない……寒天メーカー（その二） 173
55 増大する住宅のリフォーム需要……工務店 176
56 時間外の対応……薬局 178
57 サービス？　過剰サービス？……ＪＲ 181
58 弱者のために存在する……医療福祉機器メーカー 184

59 アルバイト店員からの手紙……回転寿司チェーン●187
60 金融機関のいろいろ……銀行、信用金庫、郵便局●190
61 ルールを破らない店員……チーズケーキ店●193
62 もう一度会いたくなる女将さん……居酒屋●195
63 利用者不在……旅館●198
64 患者をVIP扱いする……医院●201
65 鬼の門番……公共施設●204
66 従業員を愛すれば……タクシー会社●207
67 手本になるサービス……図書館●211
68 創業者は元公務員……和菓子店●213
69 「わざわざ客」と「たまたま客」……旅行代理店●217
70 本当に客を選ぶということ……税理士事務所●220

序章

過去およそ十年間、失われた十年などともいわれるように、我が国の企業の業績は、総じて極度に低調です。しかし一方、全国各地の現場をこまめに歩いてみると、こうした元気のない企業を尻目に、すでに十年以上にわたって高い業績を持続している企業も、また数多く発見できます。

こうした、いわゆる景気超越型企業・景気創造型企業を訪問し、そこで実践されている経営を、ハード面・ソフト面から徹底的に調べてみると、これら企業には驚くほど共通した、いわば、まるで法則のような特徴がいくつも見つけられます。

経営に対する志の高さ、独自性発揮、人財重視、価格への強いこだわり、そしてグローバルスタンダードに立脚した経営、といったものがそれですが、その最大級の法則的特徴の一つが、本書のテーマである顧客志向経営に徹底的にこだわる、〈顧客満足度がとりわけ高い企業〉という点です。

これら企業は、景気のいかんを問わず、常に「顧客よし、従業員よし、株主よし」といった三位一体の経営や、顧客最優先経営をトップポリシーとして高らかに掲げ、あらゆる場面において、

「企業の側に立った、見てくれの、いわば免責のサービス」ではなく、真に顧客の側に立脚した、質の高い、卓越したサービスを全社一丸となって提案をしているのです。

この結果、これら企業に一度でも訪れた、あるいは、一度でも商品を注文・購入した顧客は、その企業の提供する商品以上に、その企業の文化やサービスに感動・感嘆・感銘し、心が何か満たされたような気分になってしまいます。

そして、そうしたサービスを受けた顧客は、その瞬間から、その企業のファン（リピーター）になってしまうばかりか、ユニホームを着ていない［社外社員］となり、多くの仲間に、その企業がまるで、自分の自慢の企業であるかのように、熱く語りつづけていくのです。

東京ディズニーランドを訪れるリピーターのほとんどは、その最大の目的を「感動しに行く」こととし、また、そこでの商品の購入目的を「その時の感動を刻むため、思い出のため」と答えています。つまり、かつては物を買うことによって顧客は感動を覚えましたが、物的に満たされた今日では、単なる物ではなく、感動にこそ、より大きい価値を求め、また感動の記念・証しとして、物を買う人が増加しているのです。

顧客に感動を与えつづけなければ、顧客を呼び込むことができないばかりか、物財そのものも動かない時代になったのだ、といっても過言ではありません。逆にいえば、顧客に感動情報を発信し、訪れた顧客に感動サービスを提供しさえすれば、顧客は追いかけてくる時代なのです。

京都のMという頭文字のタクシー会社は、顧客満足度日本一のタクシー会社として、とみに有名です。私も京都が好きで、妻や親しい仲間たちと、年に何回となく訪れていますが、十回中九回はMタクシーを利用しています。ちなみに十回中一回は、他社のサービスの変化を見るため、またM社のそれと比較するため、あえて他社のタクシーに乗車しているのです。

私がMタクシーに乗るのは、料金が安いからではないかと思う読者がいるかもしれませんが、それは違います。私も、私の仲間もかつてはともかく、今はもう、そんなことはどうでもよいと思っています。たとえ他社と同一料金であっても、あるいは少々高くても、私はM社のタクシーを指名して乗るでしょう。たとえワンメーターでも、ましてや観光旅行なら尚更、いい気分で、いい旅をしたいと思っているからです。

これも本書で取り上げましたが、東京、名古屋などに展開するフランス料理店M社の快進撃も有名です。その最たるお店が、名古屋のマリオットホテルの最上階にあり、一度行ってみたいとかねてより思っていますが、予約の電話をするたび、いつも満席で、残念ながら未だに一度も行けないのです。その成功の秘訣は、絶好のロケーションもさることながら、東京店を知る私からいわせてもらえれば、おそらくお店の雰囲気、スタッフの卓越したサービスにあるものと思います。

ところで、先日も、引越しのため、福井市内の家電量販店に買い物に行き、とても良いサービスを受けました。たまたま探していたサイズの家電が売り切れてお店になかったのですが、担当者は、「わざわざ来てくださったのに、商品を切らしていて申し訳ありません。これは当店からの気持ちです」といって小鉢を二個プレゼントしてくれたのです。

小鉢そのものは百円ショップなどでよく見かけるものでしたが、私はこのお店の企業文化とスタッフの気配りに、一瞬にしてファンになってしまいました。

こうして見てみると、不況だから客足が遠のき、売上げが減少しているという見方は、必ずしも的を射ていないと思われます。もっとはっきりいえば、顧客に感動を与えていないから顧客が遠のくのであり、感動を与えることができれば、顧客は追いかけてくるということです。

事実、本書の執筆のために私は、県内外の大学生ら約三百人に対して、「あなたが買い物や飲食をする時、何を重視しますか」と聞いたところ、「お店の立地」「お店の規模」「お店のイメージ」、あるいは「ブランド力」などより、遥かに多かったのが「そのお店の接客サービス」でした。また、「あなたが行きつけのお店を変えてしまう理由」を聞いたところ、「価格への不満」「商品そのものへの不満」「転居したため」「ライバル店の立地」といった理由などより多かったのが、「そのお店の従業員の無礼な、無関心な、しつこい接客態度」であり、実に全体の七〇パーセントの学生が、接客サービスのいかんにより店を選択していることが証明されました。

こうした新しい時代の、新しい市場や顧客のニーズ・ウォンツを直視すると、今、企業やスタッフにとって最も大切なことは、景気や客離れを嘆き悲しんだり、国や県などの政策批判をすることでは決してないと思われます。「どうしたら、顧客が感動・感銘・感嘆するような、質の高いサービスを全社的に展開することができるのか」「どうしたら、景気のいかんにかかわらず、顧客にとってなくてはならない企業になれるのか」といったことを全社一丸となって考え、推進すべきなのです。

本書の七十の事例のいずれもが、必ずや読者の胸を打つことでしょう。読者の多くは、こういうお店ならば、何度でも行ってみたい、こういうお店でこそ買い物をしたい、食事をしたい、あるいは、こういった会社こそ、愛する息子・娘を勤めさせたい、などと思うに違いありません。〈経営は心〉を掲げ、顧客満足度や社員満足度を高める経営に日夜苦心している組織の関係者にとって、また〈真の経営学〉を学びたいと考えている社会人や学生たちにとって、本書が少しでも参考になれば幸いです。

01 勲章の手紙

東京ディズニーランド（ＴＤＬ）が開業してまもない頃、その経営者が講演のために静岡に来られた折、「東京ディズニーランドの感動サービス」というテーマの話を聞く機会があった。六十分くらいの講演だったが、いまだに私の記憶に鮮烈に残っている話が二つある。

その一つは、勲章の手紙の話である。東京ディズニーランドでは訪れてくれた顧客（ゲスト）から寄せられた礼状のなかから、とりわけ良いサービスと思われるものを定期的に選び、それを全スタッフ（キャスト）に知らせているそうだ。つまり情報の共有化である。そして、そのサービスを提供したスタッフに、その行為を認め、報い、称えるための記念品を授与するという制度があるという。勲章の手紙とは、まさにその手紙のことである。

講演のなかで、その一つを紹介してくれた。手紙の主は二〇代前半の女性からのものであり、手紙は、おおよそ以下のような内容のものであったという。

「先日、憧れの東京ディズニーランドに、友人と二人で行った折、スタッフの方々に感動的なサービスを受け、感激いたしました。当日は雨が降っており、自分の靴は雨にも濡れ、かなり汚れていました。私は体も小さく、また服装にも問題があったので、当日、どうしても乗りたかったメリーゴーランドに、なかなか座ることができず、困り果て、正直、恥ずかしい思いをしていました。

するとどこからともなく、白いユニフォーム（コスチューム）を着たスタッフ（キャスト）の方がやってきて、私の前に膝を立て、どうぞ、私の足を踏み台替わりにしてください、といいました。私は、自分の靴は汚れているし、また、そのスタッフの方のユニフォームは真っ白であり、いいです、いいです、といって、強く辞退しました。しかし、そのスタッフの方は、私に『良い思い出は決して消えませんが、私のユニフォームの汚れは洗えば、すぐに消えますから』と強く奨めてくれました。

結局、私はそのスタッフに助けられ、夢にまで見た東京ディズニーランドのメリーゴーランドに乗り込むことができました。名前は聞き忘れましたが、ぜひそのスタッフの方に、よろしくお伝えください」

そして、もう一つは、二種類のサービスに関する話だった。ＴＤＬの経営者がいうには、サービスには大きく二つの性格があるという。表面上は両者とも似ているが、一つは「いつまでも、いつまでも顧客の心に残るサービス」であり、もう一つは「一時は顧客に感動を与えるかもしれないが、やがてサービスという名のメッキが、ボロボロにはがれてしまうサービス」だ。

もっとはっきりいえば、前者は真に顧客の側に立ったサービスであり、そして後者は、顧客の側に立っているかのように見えるが、実は自分の保身のため、責任の転嫁のために提供するサービスなのだ。講師の経営者はそれを「免責のサービス」といい切った。

そして、この二つのサービスの違いを、成人式の日、振袖姿で入園してくれるであろう女性客への対応を例に、話してくれた。

それによると、当初、スタッフの多くは、水がかかり、着物の袖が巻き込まれる危険性のある乗り物がＴＤＬには少なからずあるので、当日は着物を着た女性（ゲスト）は乗せず、代わりに、いかにそれ以上の高い満足度を与えるサービスをするかについて議論をしていたそうだ。しかしながら、そうしたサービスは、結局のところＴＤＬの側に立った免責のサービスではないか、と気づき、「着物を着てわざわざ来てくれた〝ゲスト〟を乗り物に乗せてあげるために、キャストは何をなすべきか」を全員で考え、当日はそのように実践したという。

（坂本光司）

02 遠くから見守って

百貨店や専門店で買物するのは、正直気が進まない。

というのは、これからじっくりと良いものを探そうと売り場に入った瞬間、店員がつかつかと寄ってきて、あれやこれや過剰ともいえるお節介を焼くからだ。

先日も久方ぶりにA百貨店で、背広を新調しようと売り場に入っていくと、スタッフが近づいてきて、「サイズはAB6、それともAB7ですか」と聞く。「AB7です」と答えると、今度は「紺系統がお好きですか、それとも茶系統がお好みでしょうか」と、またしつこく聞いてくる。私は「どちらも好きだが、デザインと値段を見ながら買っていますよ」とイヤイヤ返事をした。

すると店員は、まだ私の気持ちがわからないのか、紺系統、茶系統の背広を、それぞれ

二、三着ずつ、ハンガーごと持ってきて、「これなどはいかがですか」と試着を奨める。値札を見ると、驚くほど高いので、「高すぎます」と断ると、今度はそれより数万円安い背広を持ってきて、やはり試着を強く奨める。
手にとって見ると、いずれも三つボタンだったり、サイドベンツだったりと私の好みのデザインではなかったので、「良い背広ですが、デザインがあまり好きではありません」と、ていねいに辞退をした。それではとばかり、その店員は、こちらが自分でゆっくりと見る余裕もないほど、次から次に新しい背広を持ってくるので、私はとうとう「今日は時間がないので、また来ます」と、ほうほうの体で、その売り場から立ち去り、この百貨店に来たことを悔やんだ。

これと全く違う対応をしてくれたのは、F社のお店だ。商品価格も違うし、お店の広さや品数に比べて、スタッフの数が決定的にF社は少ないので、百貨店とは単純比較はできないが、ここでの対応のほうが私にとっては遥かに気分が良かった。
先日も調査を兼ねて、F社のお店に立ち寄った際、好きなデザインの洋服があったので、それを自分で試着室に持って行き、着てみた。試着を終えて、試着室を出る時に驚いた。

というのは、試着室に入る時に履き捨てた靴が、履きやすい向きにきれいに整頓されていたのだ。しかも、その近くにスタッフは一人もいなかった。

それで別の場所にいたスタッフに、「これを買いたいが」といって持っていくと、スタッフは、「このサイズでよかったですか。この商品は少し大きめにできているので、もう一つ小さいサイズのほうがピッタリするかもしれません。せっかくいらっしゃったのですから、それも試着されてはいかがですか」と奨めてくれた。

再び試着室に入って合わせてみると、そのスタッフのいうとおりだった。その日は、その商品に加え、別の色違いの洋服の二着を購入して帰った。

もちろん、付きまといのサービスがすべてダメというわけではない。顧客が困っている素振りを見せた時、どこからともなく現われ、「何かお手伝いをすることがあれば、控えておりますので、何なりとお申し出くださいね」と声をかけ、顧客が困っていないようならば、遠くから見守ってあげるサービスこそが重要なのだ。

（坂本光司）

03 釣った魚を逃がす

大学までマイカーで通勤し、また県内至る所に現地調査に出掛けるため、年間三万キロくらい車を走らせる。新車を買い、最初の車検の三年後には、実に十万キロ近く走行するので、過去およそ二十年間、車検を一度もせず、乗っていた車を下取りに出しては新車を買う、その繰り返しになっている。

私は自動車そのものにこだわりがある訳でもなく、またいつも、ごくごく普通の小型車を選んでいるということもあって、ディーラーにとってあまり良い顧客ではないのか、めったに自動車のセールスマンが自宅まで売り込みに来ることがない。

それゆえ、新車を購入する場合は、たいてい、新聞の折込情報をベースに、我が家から二十分前後のところにある何カ所かのディーラーを訪問し、比較しつつ、選択買いをするというパターンである。その時、たまたま店にいたセールスマンからすれば、買ってもらうために何度も顧客宅を訪問することもなく、これほど楽な客もないに違いない。

今から四年前も、そうして私はA社系列のSディーラーを訪れ、その日のうちに購入契約をした。その後の三年間、どういうわけか、その車は故障やトラブルが多く、その都度、購入したSディーラーに連絡するのだが、そのサービスの悪さには、ほとほと、うんざりしていた。それゆえ、まだ車検まで三カ月くらいあったが、B社系列のYディーラーのセールスマンが二年ほど前から熱心に売り込みに来ていたということもあり、乗っていた車を下取りしてもらい、YディーラーからB社の新車を購入した。

新車購入の二カ月後、Sディーラーから自宅に電話があった。その担当者の話は、「いよいよ来月、車検です。ぜひ車検も我が社でやってください」といった内容だった。私は唖然とした。新車を購入してからおよそ三年間、連絡はおろか、一度も私の家に来たこともなく、またすでに別のディーラーから車を購入して、S社で買った車がないにもかかわらず、「車検をしてほしい」というのだ。

私のこれまでの車の乗り方、買い方を調べたり、S社からたかだか二十分の我が家の前を車で通り、うちの駐車場を、この二カ月間で一度でも覗いたならば、そんな電話をするはずはない。私は彼に、「もう二カ月前、Y社から新車を購入しましたよ」と告げた。

新車をY社から買い、もう一年が経過するが、これが同じ自動車ディーラーのセールスマンかと感心する。Y社のNという名のセールスマンは購入した日から一週間後、一カ月後、三カ月後、その後も時々、「どこか調子の悪い所はありませんか」と、わざわざ聞きに立ち寄ってくれていると家族がいう。もう私の頭のなかでは、次回の新車もY社のN氏を通じ購入しようと決めている。

先日、私の住む町に引っ越してきた親しい友人が、「良い車のディーラーを紹介してくれ」とアドバイスを求めるので、私は悩むことなく、「Y社のNさんならば間違いないと思うよ」と助言をした。

（坂本光司）

04 絶対にノーといわないお店

アメリカの西海岸で多店舗展開している、ノードストロームという高級百貨店がある。売上高は全米の中堅にランクされる規模だが、その顧客満足度は世界一と、多くの人が認めている百貨店だ。

その副社長だったベッツィ・サンダース氏が、一九九六年に『サービスが伝説になる時』という本を出版したが、そのなかで、ノードストロームが考え、実践しているサービスの真髄が初めて世に公開され、私も読者の一人として感動、感激した記憶がある。

ちなみに彼女は、大学卒業後就職が決まらず、やむなくノードストロームにパートタイムの販売員として入社したのだが、その後顧客サービスへの献身とリーダシップが認められ、入社してなんと七年後には副社長に抜擢された方である。

ノードストロームの感動サービスはあまりに多く、語り尽くせないが、そのいくつかをあげると、まず第一に、無条件で返品が可というサービスだ。もとより無条件というのは、無期限、無制限という意味で、例えば買ってから三年間、一度もはかなかったスカートでも、また、レシートなど証明書が一切なくても、さらには、その返品がなんらノードストローム側に落ち度がない場合でも、買った時の値段で気持ち良く引き取るという意味だ。

私も数年前訪問した折、スタッフから聞かされ、また、本のなかでも紹介されている代表的エピソードだが、ある日、十数年前にノードストロームで買ったというタイヤを、男性が返品にきたが、それも無条件で引き取ったというからすごい。こうした度はずれたサービスを実践していることから、顧客はノードストロームのことを、〝絶対にノーといわない百貨店〟と呼んでいる。

返品をしてくる顧客のなかには、別の店で買ったものや、自分の過失や問題で返品せざるを得なくなってしまったもの、あるいはまた、悪質な顧客は、一万円で買ったものを、二万円というかも知れない。だから、条件付きならともかく、無条件というのはいかがなものか、と考えるのが常識だろう。しかしながら、ノードストロームでは、いかなる場合も無条件でOKなのだ。

そこまでやる理由についてノードストロームは、「確かに嘘をついていると思われる人がいるかも知れません。専門家の調査では、返品件数の一パーセントが疑わしいと思われるものです。しかしながら、圧倒的多数の九九パーセントの人々は、善良な顧客なのです。たった一パーセントの悪質な顧客のために、九九パーセントの善良の顧客を、疑念の目と心で見たくないのです」という。

もう一つ紹介したいノードストロームの感動サービスは、なんといっても従業員の接客態度だ。おそらく一度でもノードストロームのお店を訪問した人であれば感じただろうが、従業員の一挙手一投足から、顧客をVIPとして扱ってくれているということがヒシヒシと伝わってくる。

それどころか、私がこの店の責任者です、といった自信に満ち溢れた態度で、誰にも相談せず、TPOに応じて、最高のサービスをしてくれるのだ。それもそのはず、ノードストロームの就業規則はたった一条しかないという。ちなみに、その一条とは、「どんな状況においてもあなたが最善と思われる判断をしなさい。これ以上付け加える規則はありません」である。

いやはや、驚くことばかりだが、ノードストロームのサービスを語る上において、なんといっても取り上げるべきは、ホームレスの女性が入店してきた時の店員の対応に関するエピソードだ。このことは元副社長ベッツィ・サンダース氏が著書のなかでも紹介しているが、私はこの下りを読み、感動し、しばし声が出なかった覚えがある。

その一節を要約すると、「ある日、ノードストロームに、ボロボロの服を着たホームレスの女性が入ってきて、やがてウェディングドレスの売り場に行ったとのこと。着てみたい素振りを見せていたそのホームレスの女性に、店員は近づき、『お召しになりますか』と、優しく声をかけ、それどころか、これも似合うかもと、別の色のドレスを数種類試着させてあげた。その衝撃的光景を目の当たりにした牧師が、後でその店員に駆け寄り聞くと、その店員は『私たちがここにいるのは奉仕と親切のためです』と胸を張っていった。

ちなみにこのホームレスの女性は、帰りには背筋をぴんと伸ばし、満足気な顔で店を後にしたという」

企業が顧客を失う最大の理由は、商品や価格などではなく従業員の無礼な態度、無関心な態度であるということを、これほど見事に教えてくれる例は、そうザラにはない。

（坂本光司）

05 妻の誕生日

妻の○○回目の誕生日を一カ月後に控え、かねてより、妻の希望であったKフランス料理店に予約のための電話を入れた。待たせることなく、すぐに電話口に出てくれたスタッフに、「○月○日の一八時から二人で会食したいが、席は空いていますか」といった内容の話をした。

すると、そのスタッフは、予約表を見ているのだろうか、「よかったです。空いております」と、まるで我がことのようにうれしそうな声で、「お待ちしております」と応答してくれた。さらに、「当夜はビジネスでのご利用ですか、それともプライベートなご利用ですか」と聞くので、私は正直に、プライベートであると返事をした。続いて「普通のご会食ですか、それともメモリアルですか」と、いよいよ深く聞いてくるので、これまた正直に「バースデーです。妻があなたのお店で会食をしたいというものですから」と説明をした。

そして当日。一カ月前の予約であり、予約したこと以外はほとんど忘れてしまっていた私だったが、入り口で名前を告げると、スタッフがノートも見ずに、「お待ちしておりました」と本当に心から私たちの到着を待ってくれていたかのように出迎えてくれた。

評判通り美しく素敵なレストランで、見惚れながらスタッフの後を付いていくと、「ここをとっておきました」と最も奥まった間違いなくお店の中でいちばんロケーションの良い席に案内してくれたのである。常連でもない、一見（いちげん）の私たちに対してである。

席に座っていると、スタッフの一人が、「本日の料理をご説明します」とテーブルにあるメニューを示しながら、丁寧に一つずつ説明をしてくれた。最後に、「お口に合わないものや、また何か別に召し上がりたいものがあれば、どうぞご自由にお申し付けくださいともいう。

ともあれ、出された料理は皆すばらしく、二人でたんのうしていると、料理長と思しき人が二人のスタッフを従え、私たちの席にロウソクに火のついた小さなバースデーケーキを持って歩み寄り、「お誕生日おめでとうございます。これは当店からのささやかなプレゼントです」とケーキを差し出し、そして「ロウソクの火を吹き消してください」という。妻がロウソクの火を消すと、彼らは一斉に拍手をして祝ってくれたのである。妻は周りの人々の視線を気にして恥ずかしがってはいたが、その目は潤んでいた。

私が、どうして妻の誕生日がわかったのかと聞くと、「ご予約を受けた折、奥様のバースデーとお聞きしましたから」という。そして「どうおもてなし、お祝いをすれば、喜んでくださるかと、スタッフ一同考えました」などと、まるで自分たちの義務どころか、権利であるかのように、にこやかに話してくれた。

私は親しい仲間と会食をする機会が少なからずあるが、これほど顧客満足度の高い店も珍しい。巷では、消費不況だの顧客離れだのと嘆き悲しむところが多いが、当店は数カ月先まで予約で一杯だという。なお気になるお値段のほうは、これほどの感動サービスを受けながら、同業他社の値段とちっとも変わらないのである。

（坂本光司）

06 急患への対応

土曜日の朝、私たちはいつものように家族揃って朝食をとろうとしていた。母がなかなか部屋から出てこないので呼びに行くと、頬を腫らした母が、いつもの元気を失った、か細い声で、「朝食はいらない」という。

聞くと、一週間くらい前から、以前治療した歯が痛み出し、しばらく我慢をしていたが、昨夜はついに激痛となり、一晩中ほとんど眠れなかったという。そして、「予約をしていないけれどA歯科医院は診てくれるだろうか。電話で聞いてみてくれないか」と、余程痛いのだろう、普段めったなことでは弱音を吐かない母が、私に懇願する。

私は、「大丈夫だよ。A歯科医院は三年前からの掛かりつけだし、しかも今回痛んでいるのはそこで治療をしてくれた虫歯なんだから、必ず診てくれる。すぐ電話をするから」と安心させた。そしてA医院の診療の始まる九時ちょうどに受話器をとり、電話をしたのである。そして電話に出たスタッフに、「治療をしてもらっている家族のものですが、昨晩から母親が虫歯が痛くて苦しんでいる。突然だが、何とか今日診てもらえないだろうか」と懇願した。

するとそのスタッフは淡々と、「今日は予約でいっぱいです。来週の月曜日の朝十一時頃なら空きがありますから、おいでください」というのだ。

私は、「今ここに、おたくの掛かり付けの患者が苦しんでいるんですよ。月曜日まで一体どうしていろというんですか」と、少し強い口調で、もう一度頼み込んだ。相手は、私のあまりの気迫に恐れをなしたのか、おそらく先生か先輩に相談しているのだろう、しばらくの沈黙の後、いかにも渋々という口調でこういった。

「わかりました。では来てください。ただ土曜日で半日なので、今日は予約でいっぱいになっており、一時間になるか二時間になるかわかりませんが、待っていただくかもしれません」

そのいい方にカチンときた私は、「もういい」と電話を切り、最近になって私が時々掛かっているB歯科医院に電話をし、A医院のことは一言も告げず、A医院に懇願したのと同じ内容の説明をした。すると、B医院のスタッフは、A医院同様、おそらく先生や先輩と相談しているのだろう、しばらくした後、「わかりました。すぐおいでください」との返事だった。

痛がる母親を車に乗せてB医院に駆けつけ、手続きを終えると、待合室に座るか座らないかで「坂本さん、どうぞ」と呼んでくれた。後から別の患者さんに聞いたところによると、私たちが医院につく前に、スタッフの人が、「急患が入りましたので、一人ずつずれていただくことになりますがご了承ください」と丁寧に説明をしたそうだ。それから私たちが帰った後には、先生が直接、待合室で患者さんたちに、「待ってくださり、ありがとうございました」とお礼をいいに来たという。

治療を終えた母は車の中で、「先生も看護婦さんも心根の優しい良い人ばかりで、これから歯の治療は、少し遠いけどB医院にするよ」と私にいう。

（坂本光司）

07 砂糖水の入った水差し

中小企業経営者に依頼され、社内研修会に行くことも多い。その時間はまちまちで、アフターファイブに実施するところ、勤務時間内に実施するところ、土曜日に自己啓発日として実施をするところ、などがある。

いつ実施するかはともかく、優良企業、高成長企業ほど、こうした研修会が熱心に、また活発に行なわれている。それもそのはず、好況を持続するのも、不況を克服するのも、その唯一の経営資源は人財だからである。もっとはっきりいえば、日常的に磨き続けなければ、人財は育つはずもないし、研修を通じて、その人財の隠れた個性を再発見することができるからだ。

事実、我々の調査では、高業績企業においては人財育成をトップポリシーとして高らかに掲げ、戦略的・全社的に人財育成に取り組んでおり、例えば、これら企業のその人財育成費を見てみると、売上高の一～二パーセント以上を投下しつづけている。

ともあれ、先日、親しくしているY社のT社長に依頼され、全社員の社内研修会に出掛けた時のことだ。ちなみに、Y社は従業員数約七十名の機械メーカーで、毎月一回、平日の一五時から一七時を自己啓発研修会として、その時間はすべての機械をストップし、全社員参加の研修会を開催している。

月に一度、二時間のこととはいえ、機械をストップし、全社員を研修させるというのは尋常ではない。おそらく「なんてバカなことを」と思う企業もあるかもしれない。というのは、一般的には機械を動かし、作業をして、はじめて企業は売上高が高まるのであり、逆にいえば、研修の二時間は全く売上高が高まらないからである。

しかし、T社長の考え方は違う。「教育は脳への栄養であり、企業の付加価値をあげる最高の手段、だから、この成果が数年後、いや、数十年後に出ればいい」とまでいいきる。ちなみにY社のモットーは「人を伸ばして、会社を伸ばす」である。

Y社の応接間でT社長と研修会の打ち合わせをし、その後社員に案内され、上階の研修室に向かった。社長の挨拶の後、〝どう経営革新をすれば勝ち残れるか〟といったテーマの話をした。

ここ数日間、大学の講義やら企業のセミナーやらと、ことのほか喉を酷使していたこともあって、一時間くらい大声で講義していると、次第に声がかすれてきた。二時間程度の講演で、途中、水を飲むことはあまりないのだが、当日は水差しのコップをとり、話の切れの良いところで、それを飲んでみた。一瞬、私は驚いた。というのは、その水が冷ました砂糖湯だったからだ。氷水や冷たい水、ぬるくなった水が入った水差しは、よく見かけ、飲んだこともある。しかし、こんなにおいしい水の入った水差しは、正直初めてだった。

講演の終わり頃、皆によく聴講してくれたことの礼を述べつつ、「この水差しは誰が用意してくれたのですか」と段上から全社員に聞いてみた。すると、後ろの席に座っていた四〇歳前後の女性社員が、何か申し訳ないことをしてしまったのか、といった顔で手を上げた。私は、「今日ほどおいしい水差しの水を飲んだことがありません。おかげでガラガラ声ではなく、おしゃべりができました。ありがとう」と礼を述べた。

研修が終わって応接室に帰り、社長に「先程の女性を呼んでください」とお願いし、彼女に改めて礼をいった。そして砂糖水を入れた理由を聞くと、「前々回の研修の時、後半少し声がかすれていたので、砂糖湯を飲ませてあげたらと思い、前回も入れたのです。でも前回は飲んでくれませんでしたよ」と笑いながらいう。私は「素晴らしい社員を持って幸せですね」と社長と彼女を褒め称えた。

（坂本光司）

08 老夫婦を感動させた女店員

ある年の十二月、私は休日を利用して静岡市内をドライブしていた。昼食を済ませ、ちょっとした買物を終え、家に帰ろうとした時、ふと靴下をきらしていることに気が付き、近くの店に寄ることにした。この店は近年、何かと話題の多いF社のブランドショップ「U」である。

当日は靴下の購入を目的に、UのN店を訪れてはみたものの、カラーリング豊富なTシャツやジャケットを目の当たりにすると、私の心はぐらつき、気がつけば、あれやこれや商品を手に取り、「靴下のほかに、ついでに、もういくつか服を買っていこうかな」と考えている時、ふと入り口に目をやると、七〇歳を遥かに超えていると見られる老夫婦が店に入ってきた。二人は店内に入ると、たくさんの顧客と様々な種類の商品を目の前にして、キョロキョロと周りを見回していた。おそらく、この老夫婦は、Uを訪れるのは初めてなのだろうと私は思った。

もとより、老夫婦は、何か欲しいものがあったからこそ、この店を訪れたのだろうが、あまりのボリュームにどれがどれなのか、さっぱりわからないといった感じで困り果てている様子だった。すると、それを見ていた一人の女性店員が二人に近づいていき、「何かお探しですか」と話しかけた。その老夫婦は「はきやすいズボンと、服が欲しいのだが、どれをどう選べばいいのかわからない」と答えた。それを聞いた女性店員は「それならば一緒に探しましょう」といい、二人を連れて店内を回り始めたのである。老夫婦が手に取る商品一つ一つに対して、機能性、サイズ、色の種類など、こと細かに説明をし、また店員自らも、二人に対して「こちらなどはいかがでしょう」といくつかの洋服を奨めた。数回繰り返された試着も含め、この女性店員と老夫婦のやり取りは計四十分ほどにも及んだ。ようやく購入するものが決まったようで、老夫婦はブルーのデニムジーンズとオレンジ色のフリースジャケットなど数点の服をカウンターテーブルに運んでいった。

購入した服の入った袋を手にニコニコ顔で、店を出る際、老夫婦は最後まで洋服選びに付き合ってくれた、やさしい女性店員に対して、何度も何度も頭を下げて帰っていった。老夫婦を見送る女性店員は、満足そうな表情を浮かべていた。幸運にも私は、その一部始終を目撃することができたが、心が満たされた気持ちになった。ふと周りを見渡すと、どうやら私と同じ思いで、その光景を見守っていた顧客が数人いたようだが、それぞれ顔を見合わせ、言葉は交わさなかったが、私と同様、うれしそうな顔をしていた。
数週間後、私は再度N店を訪ねてみた。〝あの素敵な女性店員〟にどうしても会い、聞いてみたいことがあったのだ。その日は運良く彼女が働いており、私は彼女に近づき、こう聞いてみた。「数週間前、あなたは老夫婦の顧客に丁寧に、かつ、優しく洋服を選んであげていましたが、あの二人はあれから来店しましたか」と。すると女性店員は、少しびっくりした様子だったが、すぐに「ああ、あのおじいちゃんとおばあちゃんは、あれから週末のたびにウチの店を訪れてくれますよ」と笑顔で答えた。それを聞いた私は、我が事のようにうれしい気持ちになり、「それは素晴らしいことですね」と店員に伝え、すがすがしい思いで店を後にした。

（大原慶亮）

09 テレビが故障した！

　ある日の昼間、自宅の居間にあるテレビ（八〇歳の母が愛用している）が故障した時のことだ。「テレビの画面が突然見えなくなってしまった」と、書斎で書き物をしていた私を母が大声で呼んでいる。

　またどこか、おかしなところでも触ったのだろうと思いつつ、テレビの前に座り、つまみを調整してみても特に異常はない。しかしメカにてんで弱い私には、これ以上のことは到底わからない。テレビを買った時に付いていた保証書を引き出しの中から探してみると、まだ保証期間内だったので、車で十分の距離にある、このテレビを購入したA家電量販店に修理依頼の電話を入れてみた。

　土曜日ということもあり、とりわけ忙しいようで、なかなか電話をとってくれなかったが、十回目くらいのコールでようやく店員が出た。その店員に故障の具合を説明すると、「自分はテレビの担当ではないので担当者に替わる」としばらく待たされ、ようやく担当者が電話口に出てくれた。

「どこがどう悪いのか」と聞くので、私は同じ説明を繰り返し、修理に来てくれないかと懇願した。しかし、その担当者の答えは、「今日は土曜日で大変お店が込んでいる。修理のできる社員が月曜日に出てくるので、月曜日以降なら伺うことができるが」といった内容のものだった。

あきれ果てた対応だとは思ったが、もしかしたらと「年老いた母親が楽しみにしている連続ドラマが土曜日、日曜日とあり、何とかしてほしい。場合によってはこの間、代わりのテレビを貸してくれないか」と重ねて要望してみた。それでも相手は、「急にいわれても無理だ」の一点張りだった。

頭にきた私は電話を切るなり電話帳を引っ張り出して、我が家から車で二十分くらいの所にあるB家電量販店に電話をかけ、A店に説明したのと同じ内容のことを話した。今度の相手は、私の話を聞くと、誰にも電話を取り次ぐことなく、「それはさぞお困りでしょう。今すぐお伺いしたいのですが、あいにく店が立て込んでおり、一時間ほど時間をいただければ修理に伺えますが」といってくれた。

もとより私はこれを了解し、自宅で待っていると、電話のあと三十分くらい経ったばかりというのに、「B店の○○と申します。ご連絡を頂いてテレビの修理にまいりました」

と元気な声でB店の担当者が来てくれた。居間にあるテレビをつけ、故障のレベルを確認するとともに、テレビを分解し、やがて部品を取り外し、私にそれを示し説明してくれた。「この部品が故障し、テレビが映らないのだと思います。機材が揃っている店に帰らないと修理ができませんので、もし差し支えなければ持ち帰り、修理して持ってまいりますが」

さらには、「その間テレビがないと何かとご不便でしょうから、小さな中古テレビでもよろしければ置いてまいります」という。当然それを要望すると、その担当者は、乗ってきた車に戻って、中からテレビを持ってきて、セットし、帰っていった。

その後、家族で、「一日、二日のことだから、少し小さいがこのテレビで我慢しよう」と話していた夕食時、B店から「修理ができたので、今で良ければすぐ持っていきますが」という電話があった。

もちろん了解して待っていると、担当者が重いテレビを懸命に抱きかかえ、「直りました」と明るい顔で入ってきた。それればかりか、彼がセットアップしたテレビは、これが、あの我が家のテレビなのかと見違えるようにピカピカだった。

私はすでにその時、修理代を何万円といわれても気持ちよく払うつもりになっていたが、B店の担当者は、故障を自らが犯した罪のように丁寧に詫びるとともに、「保証期間内であり当然無料です」というのだ。

それ以来、我が家の家電製品の購入先が、これまでのA店からB店にすべて変わったことはいうまでもない。


（坂本光司）

１０ お奨めのコース

仕事をようやく終え、夜九時頃、予約しておいた東京・浜松町駅近くのMホテルにチェックインした。いつもは新橋駅近くのDホテルに宿泊することが多いのだが、翌朝早くの羽田発熊本便に乗るために、はじめて泊まるホテルだった。

その日の都内は大きな会議が多数あったようで、なかなかホテルがとれず、四、五軒に電話をして、やっととれたホテルでだった。私は、その日はとりわけ仕事が忙しく、分刻みで人に会ったり、ミーティングに出席していたため、ホテルに着いたのは夜九時頃で、それまで夕食をとることができなかった。当日は寒い夜であったこともあり、外に出ることをやめ、おなかが満たせれば、という程度の思いで、そのホテル内のレストランで食事をすることにした。

店内は、女性グループやカップル、更にはビジネスマンなどで、ほぼ満席状態であり、案内してくれたスタッフは、「窓際の席のほうが気に入っていただけると思いますが、あいにく、この席しか空いておりませんので」と、申し訳なさそうな顔をして、真ん中の二人掛けの席に案内をしてくれた。テーブルにあったメニューには、一品料理とコース料理があり、コース料理は三千円のAコースと、五千円のBコースの二つだった。

当日は、セミナーやミーティングなどでしゃべりすぎたこともあり、のどがカラカラで、少しアルコールも飲みたかった私は、お酒のツマミのことも考え、コース料理にしようとまでは決めたが、金額ではなく、料理内容がわからず、AにするかBにするかで少々悩んでいた。スタッフに聞いてみようと顔をあげると、すぐに目が合った男性スタッフを手招きで呼び、「AコースとBコースのどちらにしようか迷っている」とアドバイスを求めた。

するとそのスタッフは、「おなかはどのくらい空いていますか。いつも多く食べるほうですか、少なめですか。お酒はこれから飲まれますか」などと、私に詳しく質問をする。

なぜそこまで、と思いつつ、私の食習慣と、今日の好みなどについて説明をした。

一言ずつに、うなずきながら聞いていた彼は、「でしたら、むしろＡコースのほうがよいと思います。お店としては、正直お値段の高いＢコースを召し上がっていただきたいとは思いますが、お客様のお話を伺うと、今晩はＡコースで十分かと思われます。値段は少々違いますが、素材はほとんど変わりませんし、品数が二品ほど少なくなるだけです。時間も時間ですし、お酒も飲まれるとのこと、ならばＡコースをお奨めします」といってくれた。

その夜は、スタッフが奨めてくれたＡコースを食べたが、結果は彼のいうとおり、質・量とも十分おいしく頂くことができた。食事を終えてレストランを出ようとすると、そのスタッフが追いかけてきて、「いかがでしたか」と聞くので、「見事なサービスだった。ありがとう」と礼を述べ、店を後にした。

部屋に帰る時、ホテルのフロントに立ち寄り、「一階の○○レストランはテナント店ですか、それとも直営店ですか」と聞いてみた。すると、フロントのスタッフは、「ホテルが経営している直営店ですが、何か不都合がありましたでしょうか」と聞き返してきた。

「いや、あまりによいサービスを受けたので、その経営主体を知りたかったのです」といって私は部屋に戻った。

（坂本光司）

11 訪問客への応対

ヒヤリング調査のため、私の研究室に所属する大学院生ら数名を連れて、長野県伊那市にあるI社を訪問した。その最大の目的は、とかく学理論に走りすぎる嫌いのある大学院生らに、現場の大切さ、とりわけI社のような超優良企業の生きた経営学を、目と体で存分に学ばせたかったからだ。

ところでI社は、知る人ぞ知る寒天メーカーで、今やこの分野では国内マーケットの八〇パーセント、世界マーケットの一五パーセントを占める世界最大・最強企業に成長している。業績はすこぶる順調で、その売上高は、すでに四十四年連続増収、また、顧客の評価の証しでもある売上高経常利益率も、すでに十年以上連続して業界平均の二パーセント前後を遥かに上回る一〇パーセント以上という驚異的な高業績企業として有名な中堅企業だ。

加えていえば、その一貫した〈社員重視経営〉や〈三位一体経営〉はあまりにも有名で、事実、当社のモットーを見ると、〈企業は社員の幸せを通して社会に貢献すること〉〈企業は企業のためにあるのではなく、社員と顧客の幸せのためにある〉と高らかに掲げられている。

ともあれ、美しい花が咲き誇り、手入れの行き届いた木々の間を通って、本社棟の玄関に入ると、一階フロアにいた二十数名のスタッフが、電話中の社員を除き、全員が一斉に立ち上がってくれ、にこやかに大きな声で、「いらっしゃいませ」と一行を温かく出迎えてくれた。そして一番近くにいたスタッフが、「坂本先生ですね、お待ちしておりました」といって、我々を二階の応接室に、まるでＶＩＰのように案内してくれたのだ。

インタビュー調査の間、私はもとより学生たちも、Ｔ社長の一言一言に感動・感激の連続で、また社長と意気投合したこともあって、時間の経つのをすっかり忘れてしまった。気が付くと、約束の十一時四五分を過ぎて、時計はお昼の十二時二〇分頃になっていた。

途中、Ｔ社長が、「お昼は当社のレストランで、どうぞ召し上がっていってください」と強く奨めてくれたが、私は迷惑をかけたくないという思いもあって、「車の中にすでにお弁当を買ってありますから」と辞退した。ともかく、T社長に調査の礼を述べるとともに、十二時を過ぎてしまったことを深く詫び、慌てて身支度をし、また一階のフロアに、社長の案内で降りていった。

するとそこでは、訪問時に出迎えてくれた二十数名のスタッフのほとんどが、弁当を食べた様子も、休憩をとっている様子もなく、仕事を継続していた。そればかりか、我々が帰るのを見ると、また一斉に立ち上がり、「ご苦労様でした」と同じように見送ってくれたのだ。

私は社長と歩きながら、「いったい貴社ではどういう教育をなされているのですか」と感嘆しながら聞くと、T社長は、「箸の上げ下ろしのような細かいことはいいません。ただ毎朝の朝礼で、情報と目的の共有化に努めているだけです」と笑いながらいう。

私たちの周りには、顧客がそこにいるのにもかかわらず、何しに来たといわんばかりのお役所やお店が、少なからず見られるが、当社の接客はそれらとは、まるで違う、まさに感動サービスなのである。

（坂本光司）

12 すべての顧客はVIP

仕事柄、県内はもとより全国各地に出掛けるが、その折、地元のタクシーに乗車する機会も多い。目的地までが遠距離であればともかく、急ぎの時や、あいにくの雨天の折、ワンメーター程度の距離でも、やむなく乗車せざるを得ない場合があるが、正直いつも気が引ける。

というのも、長引く不況のなか、タクシーからの客離れはピーク比三〜五割減と深刻で、駅の構内にあるタクシー乗り場などを見るまでもなく、客待ちのタクシーがあふれるほど並び、その待ち時間が一時間以上になることも珍しくないと聞いているからである。

一週四十時間労働制の時代とはいえ、自身の売上げを増加するため、週七十時間以上も働いているドライバーはザラであり、にもかかわらず、月収が二十万円にも満たないドライバーも多いという。それゆえ、大半の顧客は、その心情を察し、顧客というより一人の人間として、乗車するとまず丁重に「近くて誠にすみませんが」と一言詫び、目的地を告げるのが常である。

けれども、「近くてもお客様ですから」と答えてくれるケースはまれで、その瞬間、むっとしたような表情になり、一言も発せず、猛スピードで目的地に向かう、不愉快極まりないドライバー諸氏が県内外問わず意外と多い。加えていえば、顧客がまともに座れないほどイスを深々と下げたタクシーや、ドライバーが吸って山となったタバコの吸殻、薄汚れ、ゴミが散乱している車内といったタクシーも少なくない。

こうした不愉快が重なれば、大半の顧客は、家族の送迎サービスをより一層期待したり、いっそのこと健康のために徒歩で、ということになって、その結果、タクシーから顧客の足は遠のいてしまうことになる。まさに最近の業界の動向を見ていると、悪魔のサイクルに突入しているかのようだ。

ところが、京都のMタクシーは、これら不愉快なタクシーとは全く異なるサービスを提供し、結果として、ほぼ順調に業績を伸ばし続けている。

その理由は、M社の徹底した顧客志向のサービスが、次から次に顧客に感動を与え、顧客からなくてはならないタクシー会社として、高い評価を受けているからに他ならない。

M社が実践する感動サービスは、あらゆる場面で行なわれ、今や筆舌に尽くしがたいが、例えば〈顧客のためにならないことはしない〉〈すべての顧客をＶＩＰ扱い〉〈四つの挨拶をしなければ、料金は要りません〉〈プラットホームまでのお出迎え〉〈業界に先駆けての身障者の優先乗車〉〈通訳のできるドライバー〉、そして〈タクシー会社の最大の商品はドライバー〉といったM社のモットーを見れば一目瞭然である。

先日、妻と京都旅行に行った折も、そのサービスを受けることができた。わずかの距離で申し訳ないと思いつつMタクシーに乗ると、素敵なユニフォームを着たドライバーは、「ありがとうございます」「Mタクシーの○○です」とにこやかに制帽を取り会釈し、「△△までですね」と大きな声で唱和し、また下車する時は、「ありがとうございました。忘れ物はございませんか」と四つの挨拶をしてくれた。車中においても「時間が少ししかありませんが、ご希望ならば行く間、観光説明でもいたしましょうか」とまでいってくれた。

（坂本光司）

13 ワンストップの応対とは

博多に一泊しなければならない仕事があったので、Gホテルに電話をした。電話に出たスタッフに「宿泊予約をしたいのだが」というと、「いつですか」と聞く。私が「来週の○日です」と返事をすると、今度は「少しお待ちください。フロントに変わります」といい、その後、電話口に音楽が流れた。

実際に待たされたのは三十秒くらいだったかもしれないが、静岡からの長距離電話ということもあって、私には随分と長く感じられた。そして、ようやく電話口に出たフロントのスタッフに再び「○月○日に宿泊したいのですが」と話すと、彼は「あいにくその日は全館予約で一杯です」という。

また別の日、かねてから企業訪問の強い要請を受けていた浜松市のA社の社長に、その件でアポイントメントをとるため電話を入れた時のことだ。これまた長く待たされ、ようやく電話口に出た社員は、義務的に「A社ですが」とだけいう。私が詳しく用件を告げると、自分の担当ではない、といった様子で、別の社員に代わるという。交代した社員は、「代わりましたが、どちら様ですか、社長に何の用事ですか」と、つっけんどんに聞く。再び私が用件を繰り返すと、その社員は、「社長は今おりません。また電話してください」と淡々という。

私が「今日夕方五時頃までには、会社にお戻りになられるのですか。社長さんとの日程調整をしたいものですから」といっても、社員は「わからない」としかいわない。「では明日は出社されますか」と重ねて聞くと、「多分いると思いますが」と答える。余程、「一カ月先ならばともかく、明日の社長の日程が誰にもわからないですか」といいたかったが、それはやめた。

こういう会社がある一方で、思わず「お見事！」と、うなるような会社もある。焼津市のS社や浜松市のT社などがそうだ。

焼津市のS社では、すでに二十数年前からそうだが、電話をとった社員は必ず、先ず「S社の○○です」と名を名乗り、しかも実に気持ちのよい対応をしてくれる。社長から聞いた話だが、先日も、取引先の社長からS社に電話があった折、応対したS社の社員が「先日は営業部長様お気の毒でした。またその折、当社の社長が御社の社員の方々に大変お世話になったとのこと、ありがとうございました」とまでいい、その社長が感心したと褒めてくれたという。ちなみにS社は家族経営ではなく、従業員五十名の企業である。

また浜松市のT社は、部品の通信販売を行なう、やはり従業員五十名の中小企業だが、これまた見事な電話対応である。例えば、T社に電話をすると、顧客側が特定の社員に用事がない限りは、受注から納品に関することまで、すべて最初に電話に出た社員が一人で対応してくれる。

そればかりか、すでに取引実績のある企業なら、すべて顧客データベース化されているので、企業名を名乗っただけで、「○○様ですか。○月○日注文と同じ商品ですか。○○課の○○様は、その後お元気ですか」といったコミュニケーションがスタートする。

（坂本光司）

14 感動情報を発信するインターネット

インターネットの普及は、これまで情報受信力や情報発信力といった面において、総じて弱かった中小企業に新たなチャンスを与えている。価値ある情報を創造し、それをインターネット等で発信すれば、日本中どころか世界中の顧客に、その存在を認知してもらうことができるからである。加えていえば、その情報に価値があればあるほど、顧客は注目してくれ、顧客の持つ情報を提供してくれるばかりか、場合によってはe-ビジネスが発生する可能性があるのだ。

もちろんこのためには、インターネットの導入、自社のホームページの作成、そして更に重要なことは、その頻繁な更新、メールへのクイックレスポンスが求められる。よく、インターネットを導入し、ホームページを立ち上げたが、ちっともアクセスがない、e-ビジネスが発生しない、と嘆き悲しむ中小企業があるが、とんでもない誤解だといえる。

実際、こうした企業のホームページを見ると、商品そのものが魅力的でないばかりか、大半が売らんがためのハード情報が中心である。その上、ホームページの更新もほとんどなされておらず、なかには二年前から全く更新されていないホームページもあったりする。

こうしたなかで異彩を放っているのが、静岡県富士市のS店である。従業員五名の小さな果物店だが、インターネットの活用で実に工夫されている。

その特徴は、

①　ホームページの更新がほぼ毎日行なわれ、常にホットなナマの情報が満載されている。

②　お店の顔である社長のSさんをはじめ、従業員の人間性、暮らしぶりがほのぼのと伝わってくる。

③　商品を売らんがためのホームページではなく、経営者、従業員を知ってもらうことに重点が置かれている。

④　メンテナンスは、経営者や社員が行なっている。

⑤　クイズを出したり、地域の面白情報を発信している。

といった点である。

こうした努力のかいあって、今や県外からも、「たまたま客」ではなく、「わざわざ客」

から注文があるという。

先日、S社長に会った折、良い話を聞くことができた。

S社長のところに、ある日、名古屋から電話があったという。電話の主は、ある大手企業の名古屋支店長さんで、S社長にたっての頼みがあるという。聞くと、「自分は転勤族で、今、妻と二人で名古屋に住んでいるが、長野県○○町に一人で住む八〇歳の母親がいる。この母親に毎月、自分の給料日の二五日に、とりあえず一年間、三千円くらいの果物を送りつづけてほしい」とのこと。更にその支店長さんは、「できれば果物は箱入りではなく、竹で編んだかごに入れ、その下には、母親が好きなので、少しでよいから季節の枝葉を敷いてあげてほしい」と付け加えた。

「どうして、こんな小さな、かつ遠い遠いわが店に」と社長が尋ねると、「あなたのホームページをいつも見ている。あなたならば、自分の願い・想いを必ず聞き届けてくれると思った。あなただからこそお願いしたい」と答えたという。

感動情報の発信が感動情報を受信したのである。

（坂本光司）

15 客の忘れ物

三重県I市での講演に向かうため列車に乗った。車中、その講演の準備のためレジメをめくり、蛍光ペンやボールペンでチェックをしたり新しいメモを入れたりしていた。一心不乱に取り組んで、ふと気が付くと、目的の駅のホームに列車は停車しようとしていた。慌てふためいて、網棚のコートとマフラーをとり、カバンにレジメを詰め込んで、列車から飛び降りた。

駅の階段を上り、冷静になると、忘れ物に気が付いた。窓際の桟に置いたペン類である。蛍光ペンはともかく、あのボールペンは、どうしてもなくすことができなかった。高価だからといった理由ではない。大切な人が私の誕生日にプレゼントをしてくれた、この世にたった一本しかない、それはそれは大切なボールペンだったからだ。

駅の事務所に飛び込み、事情を話した。その日は指定席を取っていたので、列車名から座席番号までメモに残してあり、そのことを伝えた。すると担当者は、駅を出たばかりのその列車にすぐに連絡を取るどころか、またか、といった態度で、「そこに置いてある忘れ物カードに記入してください」という。急いでそのカードに必要事項を書き、窓口に提出すると、後で立ち寄ってくれとのことだった。

講演が終わり、また駅事務所を訪ねたが、先程の駅員は早番でもう帰ったとかで、別の担当者が「折り返し駅で清掃をするので隅々まで探してみたが、それらしき落とし物はなかったそうですよ」とあっさりといってくれる。それでもほのかな希望を胸に、「もし見つかったら電話をください。大切なものですから」と頼んではみたが、三カ月経った今も、無しのつぶてだ。

こうした心ない対応と全く違ったのが、浜松市のKホテルだ。これまた恥ずかしい話だが、Kホテルでの講演の折、別のやはり大切なボールペンを演壇に忘れてしまった。

講演を終わって大学研究室に戻った私は、ボールペンを忘れたことに気づき、慌ててKホテルに電話をした。電話に出た担当者は用件を聞くと、「すぐ拾得物のケースを見てきます」といい、電話口を離れた後、すぐに戻り、そこになかったのか、今度は「会場を見てきますが、待てますか」という。もちろん私は何分でも待つつもりだった。

またしばらく待っていると、その担当者は、おそらく駆け足で往復したのだろう、息を切らした声で、「大切なペンありましたよ」と、はずんだ声でいってくれた。私は「また三日後、会議で行く機会がありますから、その時まで預かっていてください」というと、担当者は即座に、「お急ぎでしょうから、速達で送ります」という。ペンは翌日、私の手元に返ってきた。

封を開けると、ボールペンとメモがあり、メモには、「大切なペン、なくさないでくださいね。Ｋホテル」とだけ書いてあった。ホテルの誰なのか、未だにわからないが、この時以来、Ｋホテルのファンになった。

（坂本光司）

16 顧客志向に徹する

私の家族がひいきにしているＡというクリーニング店がある。価格だけを考えたら、もっと安いところがあるかもしれないが、もうかれこれ二十年以上お世話になっている。残念ながら私は、そのお店に一度も行ったことがないが、家族の話では、次のようなサービスが日常的に実践されているという。

背広をクリーニングに出した時のこと。妻は、その日、背広の前ボタンの一つが、糸がほつれ、ブラブラ状態になっていることは承知していたが、仕上がって着る時に縫えばよい、と思い、そのままAクリーニング店に出したという。持ち込みのクリーニング店なので、翌日取りに行き、そしてその次の朝、出勤のため、その背広を私が着ていると、「ボタンが取れそうだったから」と針に糸を通し、妻が近づいてくる。私が「いや大丈夫、強くくっついているよ」というと、「そんなはずはない」という。彼女は背広を確かめると、「あっ、またA店で付けてくれたんだ」と小さな声をあげた。どうやら、そうしたことが今までにも何度かあったらしい。

次に、これもAクリーニング店で、妻が聞いた話である。A店では以前、衣替えの時期、常連の顧客から大量の洋服と一緒に、中学生の娘さんの制服のクリーニングを依頼された。たくさんあったため、仕上がり後、受け取りに来たお客様に、間違いのないよう一つ一つ確認しながら、手渡しをした。その時は、その常連のお客様は「全部ありました」といって、持って帰ったという。

それから三週間くらい経ち、何かの用事でその中学生の娘さんが制服を着なければならないことがあり、その母親である常連客が、A店に「そちらに制服がないか」と電話で問い合わせてきた。A店では、あれだけ手渡しで確認し、本人も了解した件であり、きっと他の洋服の間に挟まっているか、衣替えで別のケースに入っているのでは、と一瞬思ったが、相手が「いくら探してもないから、受け取っていない」と電話口で声を高めており、「これ以上は」と思ったA店側は、「申し訳ありません。もう一度、店内を探して、また連絡しますから」と電話を切ったという。そしてすぐに、中学校指定の洋品店に電話をし、同じ寸法の制服を発注した。

それから二、三日後、その常連客宅に制服を持参し、「すみませんでした。店の奥にありました」と笑いながら届けたという。残念ながら、顧客側のその時の応対は知らない。

こうした感動サービスを提供する店もあれば、とんでもないクリーニング店もある。B店がその一つだ。友人から聞いた話だが、その友人が、Bクリーニング店から受けだした洋服を、ビニール袋に入れたまま、奥の部屋の整理タンスの中にしまい、一週間くらい経って着ようとすると、胸に大きなシミが付いていた。さっそく友人が、B店に電話をすると、お店の担当者は、「日の当たる場所においておくと、そうなることがありますよ」と、自らの非を少しも認めないばかりか、顧客の保管の仕方に問題があったといわんばかりに、まくしたてたそうだ。もちろん、その友人は、次回からクリーニング店を変更したという。

（坂本光司）

17 サービスはマニュアルの外

ある年末のこと、夕方六時から静岡県焼津市のNホテルで、親しい友人たちとミーティングがあったので、自宅からマイカーで出掛けた。その日はとりわけ寒い日で、おまけに強い風が吹き荒れ、最悪の気象条件だった。私はそれを避けるため、なるべくホテルの玄関から近いところに駐車をしたいと思ったが、ホテルの交通整理のガードマンは玄関から離れたほうへ行くように、手で誘導する。よくあることなので、一台くらいなら空いているかも知れないと思い、その指示を無視して玄関方向へ車を走らせたが、ガードマンのいうとおり、空きスペースは一カ所もなかった。

やむを得ず車をUターンさせ、そのガードマンの前を通って車を走らせた。その日は忘年会シーズンということもあって大混雑で、行けども行けども空きスペースは一台もなく、結局、最も奥まった、また最も風の強い屋上駐車場の一角に、かろうじて駐車することができた。

車から降り、コートの襟を立て、強風で髪をぼさぼさにしながら、歩いて玄関に向かう途中、また、そのガードマンに会った。暗闇で誰が誰だかわからないだろうに、私に向かって、「遠くに止めさせてすみません。寒かったでしょう」と声をかけてくれた。私は自分の行動を恥ずかしく思い、心で詫びながら、「寒いのにご苦労様」と答えた。

それから二時間のミーティングを終え、再び玄関を出て駐車場に向かった。途中、同じガードマン氏に再び会った。すると、ガードマン氏は、「今日は駐車場が大変混雑し、寒い中を遠くまで歩かせ、申し訳ありませんでした。よいお年を」と、寒さに震えながらいってくれた。

別の日、地元のGショッピングセンターに行った時も、別のガードマン氏の同様のサービスを受け、また目の当たりにすることがあった。Gショッピングセンターの駐車場に車を停め、店に向かって歩いていくと、交通整理をしていたガードマン氏は、来る顧客一人一人に丁寧に「いらっしゃいませ」といい、また、帰る時は「ありがとうございました」と、これまた丁寧に挨拶をしたのだ。

もっと驚いたのは、その日の買物を終え、私が車を発進させようとしていた時のことだった。入り口付近に、重そうな荷物を持ってヨロヨロ歩いている高齢の顧客がいたが、ガードマン氏は、その顧客のところへ駆けつけ、荷物を持ち、その車まで運んであげたのだった。

それまで抱いていたガードマンのイメージとは、あまりにかけ離れていたので、私は再び車を降り、交通整理をいているガードマン氏に、「失礼ですが、御社ではすべてのガードマンが、あなたのようなサービスを実践しているのですか」と聞いてみた。そのガードマン氏は、はにかみながら、「そこまではマニュアルに書いてはありませんが、私も間接的に、このショッピングセンターの従業員であり、お客様に気持ちよく買物をしていただきたいと思っています。というのは、お店が嫌われれば、私たちの職場もなくなってしまうからです」といいきった。

（坂本光司）

18 感動しに行くリピーターたち

東京ディズニーランド（ＴＤＬ）がオープンして間もない頃、子供たちを連れて訪れた時の話だ。事前にチケットを購入してあったので、そのまま入り口のゲートに家族六人で走っていった。ゲートでチケットを確認する、ＴＤＬでは〈キャスト〉と呼ばれているスタッフは、我々一人一人に笑顔で、「こんにちは」と挨拶をしてくれた。しかもその目線は、我々の目を直視し、当時まだ小学校低学年の子供たちには、目の高さを合わせるように膝を折り曲げ、とりわけ笑顔で優しく「こんにちは」と迎えてくれた。

それまで、あちこちの遊園地や映画館に行った折、大半の窓口担当者が、まるでチケットをごまかす人間がいないかどうか、確認するのが自分の最大の使命と思っているのか、ただ淡々、黙々と機械的に仕事をしているのを散々見てきていたので、その時のディズニーランドのサービスは、まさに感動的だった。

「なぜなぜ運動」好きの私は、後日、東京ディズニーランドを経営しているオリエンタルランド社に電話をし、承諾を受け、サービスについてのヒヤリング調査をしたことがある。その時の話だが、広報担当のスタッフは、「当東京ディズニーランドでは一万人を超すキャストに、目的の共有化と情報の共有化を、あらゆる機会を捉えて実施しているが、入り口ゲートを担当するキャストには、おおよそ次のような基本的サービスマニュアルがある」と教えてくれた。

そのマニュアルによると、「東京ディズニーランドの入り口ゲートのキャスト（スタッフ）の仕事は、単にチケットを売り、それを確認するのが仕事ではありません。東京ディズニーランドに、わざわざ来てくれたお客様（ゲスト）を一番最初におもてなしするのが、最大の使命です。おもてなしをするため、次の三つのサービスを心を込めて一人一人にやってあげて下さい」とあり、「必ず一声かける」「コンタクト（目線をあわせる）」「スマイル」と書いてある。そして後はＴＰＯに応じ、ゲストにとって一番いいと思ったことを全力でやってあげる、といった内容である。

ともあれ、こうした感動サービスは、何も入り口ゲートだけではなかった。当日、家族でパーク内で写真を撮ろうということになり、私がカメラのシャッターを押そうとしていると、どこからともなく、白いコスチューム（ユニフォーム）を着た若いスタッフが現れ、「私がシャッターを押しましょう」とにこやかにいってくれたのである。それればかりか、写し終えると、「ここも良い所ですが、○○の所で撮る写真も好評ですよ。」とまで説明をしてくれた。以来、私は研究を兼ね、五〇歳を過ぎた今でも時々、妻と訪問するが、一万九千人のキャストのサービスに例外など一度もない。

別の日、オリエンタルランド社に調査に行った折、聞いた話がある。東京ディズニーランドは、最近は若者だけではなく、一人で来るお年寄りも結構多いという。スタッフの話では、最近は一人暮らしのお年よりや、家族とほとんど会話のないお年寄りが増加しているようで、「ここならば、スタッフ（キャスト）が頻繁に声をかけてくれ、話をしてくれるからうれしい」とお年寄りがいってくれたという。

東京ディズニーランドの最近のリピーター率は何と九七・五パーセントというが、そのリピーター数千人に対して、「東京ディズニーランドに行く目的」調査が、かつて実施されたことがある。その結果、ダントツ一位は「乗り物に乗りたい」や「ミッキーマウス等のグッズを買いたい」などではなく、「感動しに行く」だった。どうやら今日、物財より感動財が遥かに重要なのである。

（坂本光司）

19 本日開店のこころ

平成十一年の商業統計調査によれば、全国にお菓子屋さん、つまり統計でいう「菓子・パン小売業」は約八万八千店舗存在する。お菓子そのものの需要が決定的に減少しているわけではないが、過去およそ十年、商店数の減少は著しい。

事実、統計でそれを見ると、昭和六三年当時、二兆七千五百七十億円あった業界の売上高は、平成十一年統計では二兆八千百二十九億円と、わずか二・〇パーセントとはいえ増加しているが、小売商店そのものは、昭和六三年に十四万一千店舗あったものが、平成十一年統計では八万八千店であり、このおよそ十年間で五万三千店舗、率にして三七・六パーセントもの大幅な減少となっている。つまり、このわずか十年間で、わが国に存在していた三分の一強のお菓子屋さんが消滅してしまったのだ。

もちろん、その原因の一つは、お菓子屋さんの強力なライバルである、コンビニエンスストアや総合スーパー、更にはショッピングセンターなどの出店が全国各地で加速し、限られたパイを巡り、競争がかつてなく激化していることもある。

とはいえ、だからといってすべてのお菓子屋さんの業績が、この間、低迷・低下しているわけではない。なかには、顧客の圧倒的な支持を受け、逆に成長スピードが加速した企業も決して少なくない。

その一つが、静岡県の西部地区に多店舗展開をしているT社だ。事実十年前、T社の売上高は十二億円、従業者数は百二十名だったが、その後ほぼ一貫して高い成長を続け、今や、その売上高は二十億円、従業者数は三百名余となっている。

T社の繁盛の秘訣は、お菓子そのものの美味しさにもあるが、より重要なのは、やはり他の一般的お菓子屋さんと比較し、接客サービスが決定的に違うからである。先日も複数の学生から、そのサービスぶりを聞くことができた。

学生たちがいうには、ある夏の暑い日、噂を聞きつけ、お店に入り、ショーケースを見ていると、素敵なユニフォームを着た店員さんが近づき、「お茶をあそこにおいておきましたから」と後ろのテーブルを示し、自分たちが買うか買わないかわからないのに丁寧に応対し、冷たいお茶をだしてくれたという。

その後、おいしそうなお菓子を買い（たった二個で申し訳ないように思ったが）、それを持って駐車場に向かおうとすると、にこやかにお礼をいいながら、見送りに来てくれたという。

更にいえば、その時、店の奥にある電話の鳴る音が聞こえたので、店員さんに「電話が鳴っていますよ」と振り返り、伝えたという。その店員さんは、「よろしいですか」と申し訳なさそうな顔をして、再び深々とお辞儀をし、店の奥に駆け込んでいったそうだ。

ある日、私の住む町の商工会からの依頼を受け、中小企業経営者約二十名を引率し、T社のH社長の話を聞く機会があった。その折、ある経営者が、「なぜT社のサービスはいつでも、どこでも良いのですか」と質問した。するとH社長は、顧客満足度を高めるための様々な工夫を丁寧に説明をした後、最後に社是を教えてくれ、「会社の目的がそこにあるからです」と答えてくれた。

T社の社是は〈一人のお客様の満足と一人の社員の幸せ〉、そして行動指針は〈本日開店のこころ〉である。

また別の経営者は、「自分は以前よりT社のファンであるが、近くにないので、何かと不便です。ぜひ早い機会に、わが町にも出店してくれませんか」と質問ではなく、懇願をした。

（坂本光司）

20 職場全体でもてなす

住民の一人として、直接、県や市町村の窓口に行く機会はほとんどないので、私が実体験したわけではないが、よく友人・知人から役所の対応に関する不平・不満を聞く。先日も、ある友人が私に、次のような役所のサービスについての不平・不満を語り始めた。

土地利用の件でわからないことがあったため、とある役所に行ったという。めったに行くこともないので、その場所を聞くため、入り口のカウンターに行き、「すいませんが」と大きな声で、なかにいる職員に声を掛けた。その時、奥の窓側に座っている管理職らしい人の机の周りに何人か集まり、なにやら打ち合わせをしている様子ではあったが、二、三人の職員が友人の方に振り返ってくれた。しかしながら、自分たちの仕事ではない、といった素振りで、また打ち合わせを始めた。

椅子に座り、他の仕事をやっている大半の職員は、今は忙しいのに、といった顔をする人、誰か応対するだろう、といった態度の人などまちまちで、なかなか友人の立っているカウンターまで来てくれなかったという。それではと、カウンターの一番近くに座って仕事をしている職員に大きな声で再び「すみませんが」というと、ようやく立ち上がり、カウンターに来てくれた。

その友人が用件を話し、そして自分は初めてなので、担当課や、その場所がわからないというと、その職員は、ただ「二階です」と一言いって、また再び自分の席に戻ってしまった。友人は、カチンときながらも我慢し、二階に上がり、それらしき課を訪ねると、ようやく出て来た職員は、その件はここではない、一階の○○課だという。

こうした旧態依然とした悪い見本のような役所・公務員があるかと思えば、全く違う所もある。

その一つが、私が講義をするため、年に数回訪れている中小企業大学校である。この大学校は、公的機関が運営する大学校で、全国各地に何カ所かあるが、講師であれ、受講生であれ、どこでも同じ、高い質のサービスを受けることができる。中小企業経営者や幹部社員、更には中小企業支援機関などの担当者に対する経営教育専門機関であることを考えれば当然とはいえ、なかなかできることではない。

先日も朝九時四〇分から十六時四〇分までの講義のため、ある大学校に出掛けた。玄関に入るや、入り口のガードマンが私に「おはようございます」といいながら最敬礼をする。そして、受付に行くと、これまた明るい笑顔で、女性スタッフが「おはようございます。坂本先生ですね。早朝よりご苦労様です」と声をかけてくれる。

九十分講義、十分休憩の繰り返しだが、やはり喉がカラカラになるので、講師控え室に一度戻る。パートタイムの女性だそうだが、私が控え室に帰る都度、「ご苦労様でした。飲み物は何がよろしいでしょうか」とにこやかに労をねぎらい、また教室に再び出掛ける時は、「いってらっしゃい」といってくれる。そればかりか、講義が無事終わり、公用車に乗るため玄関に来ると、担当者はもとより、ガードマンも、あの受付にいた女性スタッフも、わざわざ玄関から外まで出てくれ、皆でにこやかに、「ご苦労様でした」と深々と礼をし、見送ってくれる。

年間何十回となく、全国各地で講義をするが、職場全体としてのもてなしは、おそらくここがトップクラスだろう。

（坂本光司）

21 にせものの二十四時間サービス

ある土曜日の朝、私の自宅の温水清浄機能付き水洗トイレが、突然、全く機能しなくなってしまった。どうしても直らず、また理由も全くわからないので、居間の引き出しにあったパンフレットを探し出し、そこに記されていた、故障の場合のメーカー直営のサービスセンターに電話をした。数回の呼出音の後、電話口からは録音テープが流れた。

「本日の業務は終了しました。御用の方は○○に電話してください。○○課は○○、○○課は○○」と、次から次に電話番号を告げる。なんとか聞き取り、いったん電話を切り、すぐにいわれた番号に電話をした。電話に出たスタッフに要件を告げ、何とかしてくれないかと懇願をした。すると、そのスタッフは故障の修理は自社ではやっておらず、地域の業者を指定して行なっているので、業者から電話をさせるという。正直その時は、これで助かったとホッとした。しかし、それから一時間待っても二時間待っても、何の連絡もない。

しびれを切らした私は、もう一度、本社へ電話をし、こんなこともあるかと思って名前を聞いておいた担当者を呼び出し、「まだ業者から何も連絡がないが、どうなっているのですか」と聞いてみた。すると担当者は、「お客様の地元の業者に何回も電話をしたが、今日は土曜日であり、どこかに出掛けてしまっているようで、連絡が全くつかない」と弁解をする。単に台所の水が出ないのとはわけが違い、一時凌ぎにバケツの水を使うとはいえ、正直、生活するうえで一番不便なトラブルである。

私は少し声を荒げて苦情を伝えると、その担当者は、「明日もう一度、業者に電話をしてみますので」と、まるで他人事のようにいう。ともあれ、一刻をも争うので、メーカーの指定業者の電話を教えてくれるよう頼んでみた。しかし、何が都合悪いのか知らないが、「必ず自分のほうから連絡をしますから」となかなか教えてくれない。

頭にきた私は、電話を切るや、電話帳を取り出して水道工事業の欄を開き、とりあえず自分の住む町のA社に電話をしてみた。たまたま奥さんらしき人が電話口に出て、「一時間前くらいも同じような故障の電話があり、今○○に行っています。しかし連絡はすぐに取れますので、何時頃行けるか、改めて連絡をします」という。それから五分も経たないうちに電話があり、「後三十分くらいで行けますよ」という。程なく工事屋さんが来てくれ、厄介な故障だったようだが、ようやく修理をしてくれた。帰りがけ、その工事屋さんは「修理した商品のメーカーは二十四時間サービスをキャッチフレーズにしているはずですが」と笑いながらいう。

こうした、いい加減な二十四時間サービスとは全く違い、いつ連絡しても録音テープどころか、担当者が二十四時間待機し、「どうなされましたか」と心強く対応してくれるのが、浜松市のN社などである。しかもそのトラブルが真夜中であっても、専門の担当者が真っ先に駆けつけてくれるという。こうした、顧客サイドに立脚したサービスを、顧客は望んでいるのだ。

22 退屈させず、でしゃばらず

（坂本光司）

数年前の夏、調査を兼ね、妻と福岡県に旅行に出掛けた。福岡市の臨海開発の現状を見るとともに、都心の再生のためのシンボルとして開発されたキャナルシティを散策し、そして妻が以前から一度行ってみたいといっていた、大宰府天満宮にお参りをするといった行程だった。

お昼頃、博多のホテルにチェックインした後、あらかじめホテルを通じて予約してあった当地のN観光タクシーに乗車した。ドライバー氏は、三〇歳くらいの礼儀正しい青年で、車中はもとより、行く先々の観光案内は、退屈させることなく、かつ、でしゃばらず、見事なサービスだった。

私たちがドライバー氏の気配りに最も胸を熱くしたのが、大宰府天満宮でのことだった。

ここは、私個人はすでに数回来たことがあるので、ドライバー氏に「ここの案内はいいです。二人で散策しますから」といい二人で境内を歩くことにした。当日は、八月の真夏日で、おそらく四〇度近い、それはそれは暑い日だった。二人とも片方の手にハンカチを、そしてもう一方の手に持った扇子で顔をあおぎながら、境内をお参りしたり散策したりしたが、あまりの暑さにしばし木陰で休んでいた。

すると、どこにいたのかドライバー氏が、両手にかき氷を持ちながら走ってきて、「暑かったでしょう。少しは体が冷えますよ」と、私たちに差し出してくれた。ちょうど、後でかき氷を食べようと、話をしていたばかりだったので、正直子供のようにうれしかった。お参りと散策を終え、待ち合わせをした駐車場に向かって二人で歩いていると、今度はドライバー氏が白い紙包みに、できたてらしい饅頭を持って、駆けつけてくれ、「このお饅頭はおいしくて、評判がいいですよ。ぜひ食べてみてください」といって、差し出してくれた。私は食べながら、「代金を払う」と何度もいったが、どうしても受け取ってくれなかった。

博多へ帰る車中、改めてドライバー氏に礼をいうと、彼は謙遜し、「福岡県を気にいっていただき、いつの日かまた、私たちの福岡県に来てほしいからです」と、にこやかに答えてくれた。加えていえば、その折は自分を指名してくれ、などとは一言もいわなかったのである。

ホテルの前で下車する少し前、「今夜の夕食の場所を、まだ決めていないのですが、生簀があって魚料理のおいしい小料理屋さんがありますか」と聞いてみた。もちろん私は、すでに何十回となく、博多へ学会や調査で来ており、知らないわけではなかったが、あえて聞いてみたのである。

すると、彼は、「今夜お泊りになるGホテルから二十分前後のエリアに、そうしたお店が五店あります」といい、その一つ一つの店の雰囲気、特徴、値段を詳しく説明してくれた。そして、「奥様もはじめてのようですし、また大人の雰囲気で、カウンター席でゆっくりとお考えならば、Gホテルの近くのK店がよいと思いますが」とまで説明してくれた。

妻が喜んでくれるだろうと、私がもともと行こうと考えていたお店も、実はK店であり、「ああ、このドライバー氏は本当に私たちの側に立ってくれて説明している」と瞬時に思った。その夜、K店に出掛け、料理を満喫したのはいうまでもない。

残念ながらこれとは全く逆だったのが、静岡市のあるタクシー会社の、あるドライバー氏だった。目的地に行くため乗ったタクシーのドライバー氏に、「今晩駅で待ち合わせているる妻と二人で、おいしい魚料理を食べたいと思っているが」と質問すると、そのドライバー氏は、「静岡市にはないね」とあっさり否定された。また調査を終え、帰りのタクシーのドライバー氏に同様の質問を意識的にしたが、これまた私が素敵な店と思う市内の数店の名前は全く出ず、逆に「○○店がいい」という。

ドライバー氏が薦めてくれたそのお店は、私がこれまで一度も行ったことがないお店だったが、これもまた勉強と思い、駅で待っていた妻に了解を求め、二人で暖簾をくぐった。正直にいおう。その後、そのお店には一度も訪れていない。

（坂本光司）

23 部屋に最も合ったエアコンを薦める

かなり前のことだが、増改築をした自宅の書斎に取り付けるエアコンを買うため、ある家電量販店に出掛けた。シーズンに入る直前ということもあり、エアコン売場は、数万円から数十万円まで、実に数十の機種が所狭しと展示してあった。

　取り付ける書斎を頭に浮かべながら、一つ一つチェックしていき、その中からデザイン、機能、燃費効率そして価格などから総合的に勘案して三機種に絞り込み、そして近くにいた店員を呼んだ。

　私はその店員に、エアコンを取り付けたい部屋と条件を説明し、その結果、自分なりに選定した三機種のエアコンの中から購入しようと思っているが、と三つのエアコンを指差しながら意見を求めた。すると、彼は三機種それぞれの、より詳しい特徴を私にもわかりやすく説明するとともに、すでに購入したそれぞれの顧客の評判まで丁寧に話してくれた。

　それぱかりか、「エアコンは住宅の構造、間取り、周辺環境、そして取り付ける場所が一階か二階かによっても、かなり能力が異なります。また、エアコンは決して安い商品ではありませんから、選んだ三機種に、今決め付けない方がいいと思いますよ」とまで説明してくれた。そして、「今は見てのとおり店が混雑し、お伺いすることができませんが、夕方六時頃になれば一段落すると思います。ですから、もしお客様さえよろしければ、近い距離ですから、お取り付けになる部屋を見てさしあげましょうか」と付け加えてくれた。

もより望むところなので、それを強く要望した。自宅に帰り待っていると、夕方の六時三〇分頃、そのお店から電話があり、「これから部屋を見に伺ってもよろしいですか」という。「どうぞ、どうぞ」と応答すると、そのあと十数分で担当者がやって来た。

エアコンを取り付けようと思っている書斎に案内すると、その担当者はしばらく部屋を見回した後、私に、「選ばれたエアコンより、もう一つ能力の小さいタイプで十分だと思いますよ」という。彼がいうには、この書斎は南向きで、かつ日当たりも良いし、加えて書籍類がとりわけ多く、十畳間とはいえ、実質は八畳間的であるからという。

ちなみに、その担当者が商品カタログを示しながら説明してくれたエアコンは、私が購入しようとしていたものより、いずれも数万円も低価格だった。

この担当者は、本当に顧客の側に立った対応をしてくれている、と瞬時に判断をした私は、結局その推薦してくれたエアコンを購入することにした。

後日、同じ担当者がエアコンの取り付け工事のため来てくれたが、すべての工事が終わった後、エアコンが入っていた梱包資材や発生したゴミをきれいにかたづけ持っていってくれたばかりか、エアコンを取り付けた書斎の床を、彼が持ってきた電気掃除機で掃除をしてくれた。

その家電量販店からは、「購入していただいたエアコンの調子はその後いかがですか」といった往復ハガキが来るが、より心強いのは、担当者が、「前を通りましたので」といいながら、時々エアコンの調子を聞きに、元気な笑顔で立ち寄ってくれることである。

（坂本光司）

24 気配りの伝わるお店

静岡県焼津市にOという割烹料理店がある。本体はすぐ隣のSというおそば屋さんだが、京料理に取り付かれた息子さんが、京都で修行をされた後、焼津に帰り、今は二枚看板で経営をしている。

食道楽の友人に誘われ、およそ十年ほど前に初めてO店を訪れ、以来ファンになり、近年では年に一～二回であるが、楽しみにお邪魔をさせていただいている。

宣伝らしい宣伝もせず、部屋数も十人位の大部屋が二部屋、四～五人の場合は真ん中に襖を入れて四部屋になるが、いずれにしてもそれはそれは小さなお店である。しかも店の場所も焼津駅から決して近くなく、狭い小路を入った、実にわかりにくいところにある。それでも、席は年間通じて、たいていい予約でいっぱいだという。

ともあれ、小さな入り口の暖簾をくぐり中に入ると、入り口の部屋と奥の部屋の二つがある。私が好きなのは、奥の部屋だ。土の中から少しだけ顔を出した飛び石で作られている小道を、両側の花木を観賞しながら歩いていくと、店の中のもう一つの店とでもいうべき、数寄屋造りの小さな一軒家的な部屋にたどり着く。

履物を脱いで縁側を上がり、襖を開けると、中は落ち着いた古風な茶室を持つ部屋である。そこに座っているだけで、何か心安らぎ、チョットいい気分になる。

料理そのものの解説は、とても私にはできないが、もてなしの心は、ひしひしと伝わってくる。

初めてここに案内されてきた時の感動は、今でもよく覚えている。例えばその一つが、お手元（お箸）が適度に湿っていたこと（この気配りは、当時の私は、友人から指摘されるまで気がつかなかったが）。

第二は、出てくる料理の温度とそれを載せてあるお皿の温度が、ほとんど同じだったこと。

第三は、今でこそよく見られるが、十数種類の杯を用意し、「お好きな杯で」といわれたこと。

第四は、お酒を入れた徳利は、京都から取り寄せたモウソウダケをくり貫いた手づくりの徳利だったこと。

そして第五に、なによりも見事だったのは、絶妙なタイミングの料理出しと、それを担うスタッフの心遣いだった。

京都の祇園あたりの超高級料亭であれば、こうしたサービスは当然、という人もいるかも知れないが、ここは京都でなく、焼津の裏通り、また料理の値段も、祇園はいうまでもなく、静岡市や浜松市の同種の料理店と比較しても、はるかに安価なのだ。

こうした素敵なお店があるかと思うと、一方ではとんでもないお店もある。先日、私が仲間数人と行ったお店もそうだった。店の名前と料理の値段は一流で、正直、期待をして行ったが、出てくる料理の大半は、一体どこのスーパーマーケットで買ってきたのか、といいたくなるようなひどい料理だった。ためしに揚げ物を頼んだら、厨房の奥から、我が家でもよく聞く、あの「チーン」という音が聞こえてきて、皆たちまち酔いが醒めてしまった。

（坂本光司）

25 最大のサービス産業

役所とは住民の役に立つところと書く。しかしながら、そのサービスの現状はというと、近年のいわゆるお役所仕事への批判のなかで、以前に比べれば格段に良くなってきてはいるものの、未だ総じてイマイチである。

例えば、相談に訪れた地域住民に対する接客態度や言葉づかいなどをとってみても、住民のお役に立つところが〝真のお役所〟であるということや，〝地域住民に親切や奉仕をするために公務員は存在する〟といったことを、本当に理解・認識しているのだろうか、と疑いたくなる公務員も決して少なくない。

また、いくら週休二日制の時代だとはいえ、地域住民に対する最大のサービス産業である役所が、土曜日、日曜日になると、完全に閉庁してしまうことに対しても、住民の側から見れば、正直不満がある。

というのは、住民票や印鑑証明といった書類が、急に月曜日に必要になり、ひどく困った経験のある住民も少なからずいるし、また、近年における地域住民の行動圏は、車社会の進展もあって著しく拡大し、自分の住んでいる市町村で働いていたり、通学したりしている人は年々減少している。もっとはっきりいえば、行政圏と生活圏は年々遊離してきており、土曜日や日曜日でなければ、住んでいる役所まで出掛ける時間的余裕のない人が、年々多くなっているのである。

役所に近いところに住んでいる住民ならばともかく、町のはずれに住んでいる住民、とりわけ車を持たない、持てない社会的弱者にとっては、そのためだけに、わざわざ遠い役所まで出掛けるというのは、正直しんどい話である。

こうしたもっともな、近年の地域住民のニーズ、ウォンツに、全国で最も早く対応しようとしたのが、おそらく島根県のI市だろう。当時、I市は、「行政は最大のサービス産業」という、コンセプトを打ち出し、土曜日や日曜日の開庁はもとより、行政の出前サービスにも取り組んだ。具体的にいえば、全職員が五人一組でチームつくり、全職員が一年に一回だけ、土曜日と日曜日に勤務するローテーションシステムだ。

そして一方では、地域住民の利便性を一層高めるため、町の郊外に立地しているショッピングセンターの核店舗であるI社の店内に、行政サービスコーナーを開設したのだ。ちなみに、そこでの開庁時間はI社の開店時間に合わせ、午前一〇時から夕方五時までである。

市長がこうしたサービスの実施を高らかに宣言するや、当初職員組合は、労働強化と疑ったり、反発をする向きもあったというが、やがて行政サービスの本質を理解し、一致協力して対応したという。

そして今や、完全に定着し、土曜日や日曜日に、役所やショッピングセンター内のミニ役所に住民票や、印鑑証明などを取りにくる人、行事の問い合わせや、行政相談などを、それら窓口や電話でする人も多いらしい。

こうしたサービスの実施は、単に地域住民の満足度を高めただけでなく、役所の職員の意識をも、大いに変えたという。それもそのはず、顧客に嫌われたら間違いなく存続できない民間企業のスタッフの接客姿勢を、これでもか、これでもかと、一日中間近に見せつけられたからである。

（坂本光司）

26 店員の写真を飾る

地平線が見える十勝平野の中心都市、帯広市に、今や北海道最大、最強企業にまで成長・発展をしているお菓子屋さんがある。そのお菓子屋さんは、知る人ぞ知る、「R」という名のお店で、その社員数は千名を遥かに超える。

顧客の高い評価を受け続け、その業績もすこぶる順調で、すでに十数年にわたって増収増益、かつその売上高経常利益率は一〇パーセント以上を持続している。

数年前、その高業績の要因を調査するため、初めて帯広市郊外の本社と中心市街地にある本店の二カ所を訪れたが、その時の感動は、今も昨日のことのように覚えている。

本店は、ＪＲ帯広駅から少し歩いたメイン通りにあり、外から見た感じは、まるで美術館か博物館といった建物だ。お店に一歩足を踏み入れると、まず驚かされるのが、店内で買い物をしているお客さんの多さだ。聞くところによると、その数は平日でも一時間当たり百人を下回らないという。

次に驚くのが、お店の中の壁一面に、大きな顔写真（大半が女性）が所狭しと飾られていることだ。どの顔も皆、素敵な笑顔で、写真の下には、その人の名前とその人の一言が書かれていた。一瞬、その顔写真が、どこの誰なのかわからなかったが、店の中を見渡してすぐに理解できた。つまり、ここ本店で働いている、全スタッフだったのだ。スタッフは皆、笑顔を絶やさず、一人一人のお客様をまるでＶＩＰのような対応をしていた。

余談だが、Ｒ社で働いている女性社員をぜひお嫁さんに欲しいといった話が、数千人の女性社員を擁する道内の巨大企業よりも遥かに多いという話も、うなずける。

さらに驚くことに、妻に頼まれたＷやＭといった当社の有名なお菓子を、対応をしてくれたスタッフに注文しながら店内を見渡すと、何カ所かにコーヒーコーナーが設けてあったのだ。そしてそこでは、お店で買い物をした、しないを問はず、誰もが自由にコーヒーや紅茶を飲んでいたのである。

その中には、家に帰るまで待ちきれないのか、購入したばかりのお菓子を、コーヒーを飲みながら、おいしそうに食べている人たちもいた。最近でこそ、先進的なお店で、こうしたサービスに触れることができるが、数年前の私にとっては衝撃的な光景だった。

せっかくの機会なので、店の二階と三階に上がってみると、そこにはお菓子に関する本を集めたミニ図書館や、素敵なホールがあった。聞くところによると、ホールは、無名の芸術家やアーチストの作品の発表の場として、また地元の子供たちの絵や詩の展示場として、地域社会に開放しているという。

R社はこれまで数々のお菓子を創造し、今や全国のお菓子ファンを魅了する国内有数のブランド菓子メーカーとして有名だが、現場でこうした現実に触れてみると、その理由が充分過ぎるほどうなずける。

とはいえ、R社の今日までの道のりは、決して順風満帆だったわけではない。本社の玄関横の花壇の中に、O社長の父であり、また創業者である現会長の母親の銅像が建っている。今日の繁栄を見ることなく他界しているが、この女性こそ、R社の今日の繁栄の基礎を創った人なのだ。

この女性のエピソードは、数多い。その一つが、創業当初の凍てつくような真冬のある深夜の出来事だ。息子を助け、働けど働けど商売が軌道に乗らず疲れ果て、寒さを凌ぐため火鉢に体を寄せているうちに、ウトウトと眠ってしまい、火鉢に頭を突っ込み自慢の髪が半分焼け焦げるまで気がつかなかった、という。

本社にお伺いし、O社長からこうした話を聞き、私は涙が溢れ出てきた。

（坂本光司）

27 おやつ菓子創りに徹する

北海道帯広平野には美味しい「水」「砂糖」、そして「大豆」というお菓子を創るための三大条件が揃っているということもあって、その中心の帯広市内には、全国に名の知れた有力・有名なお菓子屋さんが多い。

先日、親しい仲間たちと調査のため、はるばる訪問した帯広市の郊外のロードサイドにあるR店もその代表格の一つだ。設立は終戦直後の混乱が続く一九四七年、現社長の父である現会長のT氏が、たった一人でスタートしている。その後一貫して行なってきた、

〝おやつ菓子を創る〟という、こだわりの経営が顧客の高い評価を受け、今や社員数は約三五〇名を数え、広い北海道の中でも有数のお菓子屋さんとして成長発展している。

当日は移転新設した美しい本店を訪問し、T社長の案内で、ゆっくり店内を見学させていただき、その後T社の実践してきた経営学をじっくり聞かさせてもらった。

我々が訪問した時は、平日午後の時間帯だったにもかかわらず、お店の中は観光客というより、家族客でごった返しており、これほど生活者に支持され、賑わっているお店は、そうザラにはない。

本店の一階は、世界菓子コンクールで最優秀賞を受賞したあの銘菓〝S〟をはじめ、およそ二〇〇種類のお菓子が並んだ売り場と、その奥にはお客様のために作ったというお菓子教室、更に奥には、全店に供給するお菓子を製造する工場がある。お菓子の製造ラインは二階に見学通路ができており菓子創りの工程をつぶさに見ることができる。

案内していただき、まず驚かされたのは、ショーケースに並んでいるお菓子の値段だった。静岡県の同種のお菓子屋さんで買えば、おそらく二五〇円から三〇〇円すると思われる各種ケーキが、R店では何と一三〇円から一五〇円で売られていたのだ。ちなみに、後で試食させていただくチャンスがあり、その味を、舌の肥えた仲間に聞いてみたが、味も抜群で、静岡で売られている三百円前後のお菓子と全く変わらないどころか、それ以上だという。

次いで、我々をほのぼのとさせたのはお菓子創りの教室をガラス越しに見学した時だ。予約をすれば誰でも原価代だけで、お菓子創りにチャレンジできるという。その日はR社の菓子職人の指導を受けながら、お母さんと子供、お父さんと子供、両親と子供といった家族一緒になってのお菓子創りが目立った。家族の誰かが誕生日の時など、ここでケーキを作り、持ち帰る人も多いという。おそらくそのオンリーワンのケーキは、この世で一番おいしいケーキに違いない。

これほどまでに家族にこだわる理由について、T社長は次のように説明をしてくれた。

「近年お菓子は高くなりすぎました。お菓子は本来贈答品などではなく、手軽な値段で買えるおやつ菓子であるべきです。それゆえ、わが社は家族団らんの足しになるお菓子創りをコンセプトに、これまで一心不乱に経営をしてきました。これからも、この思想は微動だにしません……」

このお店の企業文化は、タダモノ、タダゴトではないと感じたので、その謎を解くため、T社長に創業のきっかけ、創業者魂について聞いてみた。T社長がいうには、創業者である現会長は、中国からの戦争引揚者だそうだ。引揚者で満席の、まるで貨物列車といった汽車の中でのある出来事が、父である創業者の人生観を変えたのだという。

彼が乗り合わせた溢れんばかりの汽車の中で、同じ引揚者である若い母親が一人の小さな子供を抱きかかえていた。夜になるとその子供がどこが悪いのか、あまりの混雑のためなのか、大声で泣き出した。何とか泣き止ませようと、お母さんが必死にあやしているにもかかわらず、その子供は何時間も何時間も泣き叫んでいた。見かねた一人のボロボロの服を着た男性が「お母さん、少ししかないけど、これを食べさせてあげて」と紙に包まれたわずかばかりのお菓子を差し出した。その子供は食べた瞬間、泣き止んだばかりか、ニコッと笑顔を見せたのだそうだ。

中国戦地から帰る船の中、汽車の中で、もう人を傷つけ、自分も傷つけられるような生活はコリゴリと思っていたT氏（現会長）は、この瞬間、お菓子の魔力に取り付かれた。そして、これをきっかけにお菓子を通じて、世のため人のために貢献しようと、愚直一途に経営に邁進してきたのだそうだ。

（坂本光司）

28 マニュアルと融通

先日、新春セミナーの講師を依頼され、会場である浜松市のHホテルにマイカーで出掛けた。私の講演時間は午後二時からだったが、当日は、万が一のことを考え、かなり余裕をもって出掛けた。

しかし、なぜかその日はえらく道路が混雑しており、いつも車を置くホテルの駐車場の入り口に着いたのは、講演の始まる十分前の午後一時五〇分頃だった。何とか間に合ったと、ホッとしつつ、車を駐車場に入れようとすると、その入り口にはバリケードが置いてあり、その横には駐車場の整理にあたっている年配の男性が立っていた。

駐車場の奥は、まだかなり空きスペースが見えたので、その男性に、「入りたいのですが」と声を掛けた。すると彼は、「〇〇社の関係者の方ですか」と私に聞く。

私は一瞬、何のことかわからなかったが、〇〇社の関係者でないことは事実であり、正直に「違いますが」と返事をした。すると彼は「では、すみませんが、ここには置けません」という。そして更に「しばらく行ったところに駐車場の案内係がおりますので、その指示に従ってください」という。

私は、「私は今日、あなたのホテルで二時から講演をする講師ですが、時間がないのです」と重ねて要望した。けれども彼は、事の重大性が理解できないのか、あるいはそういう場合のマニュアルがなかったのか、とにもかくにも話にならない。

仕方なく、しばらく車を走らせ、もう一人の駐車場整理員が立っているところで車を止め、再び「どこに止めればいいか」と聞くと、今度は「ここから三〇〇メートルほど行ったところにあるから」と、窓から地図のコピーを渡す。時計を見ると、講演開始の時間まで、あと数分に迫っていたので、もう一度、先程の駐車場案内係に伝えたことを繰り返し、「そこまで車を置きに行ったら、講演時間に間に合わないではないか」と、少し強い口調で反論した。

すると、ようやく、緊急性に気がついてくれたのか、ホテル正面玄関のボーイに聞いてほしい、という。私は、あわてて車をUターンさせ、正面玄関に行き、そこに立っていたボーイさんに、「二時からの講演をする者だが、駐車場がなくて困っている」と懇願をした。すると、そのボーイさんは、「坂本先生ではありませんか。安心してください。私が会場まで、お連れします」といってくれた。更に大声で別のボーイさんを呼び、私の車を責任持って、お預かりするように、と指示している。

私は、当日使用する、かなりの重量の講演資料を持参していたが、それもそのボーイさんは、そのために私はここにいるのです、といった顔と態度で、会場まで持ち運んでくれた。

滑り込みセーフとは、まさにこのことで、その日の講演は時間どおりスタートし、講演そのものも、良い気分で、大いにノッタ。


（坂本光司）

29 カスタマー・オブ・ザ・マンス

数年前、アメリカの流通事情視察に行った折、ニューヨーク郊外にあるスチューレオナードという名のスーパーマーケットを訪問した。スチューレオナードは今や、アメリカばかりか世界的にも、知る人ぞ知る食品スーパーで、その顧客満足度と、その証しとしての経営効率の高さは群を抜いている。例えば、その売場面積当たり売上高、つまり売場効率は、全米の同業種平均の十倍を超え、世界一といわれている。

ところで、当社の創業は一九二四年、もともとは乳業を営んでいた小企業だったが、すでに当時から当社のエピソードは数多い。例えば、創業当時、自身の経営も決して楽ではなかったというのに、不景気でミルク代を支払えない若い母親に、創業者のリチャードは、一言もいわずミルクを届け続けたという。

ともあれ、当社の長期にわたる超高業績の秘訣は、やはり徹底した顧客志向経営であり、その結果としての顧客満足度の高さにある。例えば、当社を訪問してまず驚かされるのが、お店の入り口に置いてある、大きな石碑に刻み記された言葉だ。そこには、

"OUR POLICY

Rule1　The customer is always right!

Rule2　If the customer is ever wrong, reread rule1, StewLeonard."

と記してある。

そして、この石碑の近くには、使命書として"Our mission is to create happy customers!"とも記されている。

この文章を読めば、おそらく誰でもが、スチューレオナードの経営姿勢や企業文化に衝撃を受けるだろう。私もこの石碑を立ち読みし、しばし感動で震えが止まらなかった覚えがある。

こうした企業文化に基づく経営姿勢は、当店のあらゆる場面で見ることができる。例えば、スチューレオナードにおいては、店の内外にかかわらず、そこに重い荷物を持ち、大変そうに歩いている顧客を見て、見て見ぬふりをするような、社員は一人もいない。

スチューレオナードの顧客満足度の高さは、何もこうした企業文化や接客方法だけではない。そうした感動の仕掛けは、あらゆるところに見られる。その一つが店内の雰囲気の工夫である。例えば、店内の商品棚の上には、おもちゃの電車が走り、人形が手足を動かし、歌を歌い踊っている。牛やニワトリ等に扮したスタッフも通路を回り、子供たちとダンスをしたりしている。そればかりか、店の外に出ると、そこには放し飼いの山羊や牛、羊やアヒルなどがいて、子供たちを楽しませている。まさにスチューレオナードは、顧客を「Ｗｏｗ！」と感嘆させることを、何よりも大切にしていることがよくわかる。

そして、もう一つ私を感動させたのは、お店の出口の近くの壁に貼ってあった何枚かの写真の説明をスタッフから受けた時のことだ。

聞くところによると、その写真は当社の「カスタマー・オブ・ザ・マンス」という制度で選ばれた顧客と、その人を選んだ店員が写っている写真だという。もう少し説明をすれば、スチューレオナードでは「笑顔がすばらしい」「いつも素敵な挨拶をしてくれる」「お年寄りや体の不自由なお客様をいたわった」、あるいは「売り場で大騒ぎをしている子供を嗜めた」などといった素敵な顧客、正しいことをした顧客を毎月選び、表彰しているとのこと。写真はその記念写真なのである。しかも、該当者を選び決めるのは、日常的に顧客と接しているレジの担当者たちの話し合いだそうだ。

こうした現実を見せつけられると、スチューレオナードの高い評価のゆえんがよくわかる。

（坂本光司）

30 リピーターを創るサービス

ある日の夕食の折、妻が、「この前行って来た○○美容院は、とても気分が良かった」とニコニコ顔で、私に話しかけてくる。妻の話によると、急に遠出をしなければならない用事ができ、行きつけの美容院に電話をしたが、あいにく予約客で一杯だと断られてしまったという。

そこで仕方なく、初めてで少し不安だったが、時々タウン誌などで見る、静岡駅近くのT美容院に予約を入れ、行ったのだという。店内に入ると、その瞬間、忙しそうに仕事に取り組んでいたスタッフ全員が、明るい笑顔で大きな声で「いらっしゃいませ」と声を掛けてくれ、それだけでチョッといい気分になったという。

予約をしておいた時間よりも、大分早く着いてしまったので、待合室の書棚から週刊誌を何冊か取り出し、ソファーに座って読んでいた妻に、スタッフの一人が近づいて来て、「コーヒーか紅茶あるいはジュース類がありますが、何がお好きですか」と聞いてくれた。

そうしたサービスをするお店があるということは、人づてに聞いたことはあるが、正直自分が受けるのは初めてのことであり、一瞬びっくりしたという。

　ともあれ、「ではコーヒーを」と告げると、しばらくして素敵なコーヒーカップに入れたコーヒーを、「どうぞ」と持ってきてくれた。しかもそのコーヒーは、インスタントなどでなく、わざわざ挽いた、おいしい本物のコーヒーだったらしい。

　その後順番が来て、パーマをかけるため椅子に座ってからも、スタッフは髪型の希望等について、終始やさしい言葉で、かつ一生懸命、妻の要望や意見を聞いてくれた。そればかりか、パーマの時間が長時間だったので、途中ウトウトとしていると、そのスタッフが「リラックスタイムです。少し休憩しましょう」といい、「なにかお好きなお飲み物は」と聞くので、その時は紅茶を頼んだという。すると今度は、紅茶に加えて、何種類かのおいしそうなケーキをのせたお皿を見せ、「お好きなケーキをお召し上がりください」といってくれた。

　そして、やがてパーマが終わり立ち上がろうとすると、「今度は少し肩をもみますね」といってくれる。パーマの後に首や肩などをマッサージをしてくれる美容院は、これまでも何度か経験があるので、そのことは、それほど気にしなかったが、来てくれた方が、体にハンディキャップのある女性のマッサージさんだったので少し驚いたらしい。けれども、その技術はさすがで、これまでとは全く違う、気持ちの良いひと時だったそうだ。

妻が少し興奮気味に、「T美容院は、単にサービスが良いだけではなく、ハンディキャップのある女性に、働く場をも創ってあげている」と、まるで私の口癖が伝染したかのような口ぶりで、T美容院を褒め称える。更に二階へあがって行ったかと思ったら、今度はハガキを持ってきて「これを読んで」と私に手渡してくれた。

それはどうやら、T美容院に行ってから数日後に届いたハガキのようだが、そこには、「○月○日のご来店ありがとうございました。パーマの具合はその後、いかがですか。ご無理をされているようで、当日は髪がとても痛んでいたので少し心配でした。また、いつの日かのご来店をお待ちしています。担当○○」と記してあった。

「少し遠いけど、これからはT美容院に行こうかしら」と真剣な顔で妻がいった。


（坂本光司）

31 サービスを受ける権利

私がスキーを始めて間もない頃、東北のZスキー場に行った。その日、スキー場は大変な混雑で、リフトに乗るのもかなりの時間を要した。このZスキー場に行くまでに、正直私はたった一度しかスキーをしたことがなく、このスポーツに対する抵抗と若干の恐怖感があった。それは、うまく滑れずに、すぐ転んでしまうということももちろんだが、もう一つ別の理由があった。それは、リフトである。

私がリフトに対して抵抗がある原因をもう少し説明すると、それは初めてスキーに行った（東北のAスキー場）時の、リフト乗り場での出来事からきている。スキー板を初めて身に付けた人間が、転ばずに滑るようになるまでには、ある程度の時間と練習が必要だ。私がその日、うまく歩けなかったのはいうまでもない。さらに、混み合っているリフト乗り場で、初心者の私は、他の慣れたスキーヤーに邪魔者扱いされただけでなく、罵声も浴びたほどである。

ともあれ、ようやく乗車口まで苦労してたどり着いた私を見て、リフトの係員は「このコースは初心者だと危ないから、よそへ行ってもらえますか」といい放ったのだ。私は、必死の思いでがんばった自分が惨めに思え、胸を締め付けられる想いで一杯だった。その日、そこのスキー場では一切リフトを使わず、ロープーウェイを利用して登り、一回だけ滑走して帰ってきた。初心者である自分に腹が立った。悔しくて仕方がなかった。

そして、あの日の出来事以来となった今回は、あのAスキー場は避けて、Zスキー場に出掛けた。案の定Zスキー場も人でごった返していた。ここでも、私は一度しかやったことのないスキーをうまく操れるはずがない。ストックを危なっかしく突きながら、ゆっくりと進むのが精一杯だった。

いよいよ私が乗車する番になった時、リフトが急に止まったのだ。驚いた私は係員に、「どうしたんですか」と尋ねた。すると係員はにっこりと微笑んで、「どうぞ、スキーを靴からお外しください」といった。私は最初、意味が理解できず不思議そうな顔をしていた。それを察してか係員は、「リフトが不安な方はスキーを外して、靴のまま乗っていただいております」といったかと思うと、私のスキーを慣れた手つきで外してくれたのだ。

外したスキーはどうするのかと思いつつ、再びリフトは動き出し、とりあえず、私は靴のまま安全に乗ることができた。そして次の瞬間、自分の目を疑った。なんと私の乗ったすぐ後ろのリフトに係員が、私のスキーとストックを大事そうに抱えて乗車していたのだ。たった一人の初心者のために、ここまでしてくれるのかと思うと、私は感謝の気持ちで胸が満たされた心地だった。

更に降車の際も、スキーを付けていない靴履きの私を見た降り場係員は、ゆっくりリフトを停止させ、私が安全に降りられるための配慮を欠かすことなくやってくれた。間髪入れずに、次のリフトで先程の係員が私のスキーとストックを抱えて降りてきた。そして、まるで宝物を置くかのように大事に雪の上へスキーを添えて私に渡してくれたのだ。別れ際にその係員は「何度でもリフトをご利用ください。同じように致しますから」といい、軽く会釈をして去っていった。

この日、私は同じリフトを数回利用したが、そのスタッフは嫌な顔一つせず、進んで対応してくれた。いずれもが、あまりにも親切な対応であったため、「毎回してもらって面倒ですよね。本当にありがとうございます」というと、その係員は「堂々とサービスを受ける権利が、お客様にはあります」と笑顔で語ってくれた。このスキー場には、こんなにもすばらしいスタッフがいるのだということを知った時、私は胸が詰まる思いだった。感無量という言葉があるが、こういうことを指すのだと実感できる瞬間だった。そして、日頭が熱くなったのを、今でも鮮明に覚えている。

（荒井雄一）

32 旅先で出会う「おかえりなさい」

私は大学が長期休暇に入る度、一人で各地に旅行に出掛けている。旅行といっても、私は学生で、予算にそれほどの余裕がないため、ほとんどが二〜三日、長くても二週間くらいの旅行だ。

そんな旅行の中で、最も気を使うのが宿泊費だ。一人旅なのだから、野宿や寝袋を使えば、いくらでも旅費を切り詰めることができるのだが、それでは、さすがに心もとなく、寂しいので、私はユースホステルや旅人宿などに泊まることにしている（ちなみに、旅人宿とは、ユースホステルに似た安価の宿で、全国に存在している宿泊施設だ）。

今回、紹介するのは、私が去年の夏に北海道へ旅行した時に宿泊をした、ある旅人宿の話だ。この旅人宿は、私が去年の春に北海道に行った際に、知り合いになった旅人から聞いた宿だった。その時、「とにかく一度泊まってみたら」と奨められていたので、私は夏も北海道を旅行することにしようと決め、その旅人宿を予約したのだった。

その宿に宿泊する日は、私が北海道に来てから五日目のことだった。それまでは、ビジネスホテルと車中泊で過ごしていたため、少し人恋しさを感じていた。最寄り駅である美瑛に到着したころには、すでに日が傾き、きれいな夕焼け空が広がっていた。そこで、宿からの迎えの車に乗り込み、私が初めて美瑛に来たことなどを話しながら、宿に向かった。

宿に到着し、中に案内されてからの第一声に、私はびっくりした。突然、その宿の従業員さんであろう人が、「おかえりなさい」といったのだ。私ははじめ、迎えに来てくれたドライバーさんにいっているのだと思っていたのだが、その従業員さんは、私のほうを見ていっている。連泊している人と間違えているのかなとも考えたが、そうではなかった。その後、宿に入ってきた人にも、「おかえりなさい」といって出迎えていたのだ。つまり、この宿では「おかえりなさい」が、「いらっしゃいませ」だったのだ。そのことを知った私は、それまでの一人旅での寂しさが一気に消え、とてもうれしい、幸せな気持ちになった。たった一言の言葉が、私を大きく感動させたのである。

私は計三日間、この宿で過ごすことになった。一つのところに長期の連泊をすることは珍しいことだったが、「おかえりなさい」の一言が、私をそうさせた。

三日目の朝、その宿の人たち、泊まり合わせた旅人と一緒に写真を撮り、私は宿を後にした。今の世の中、お金さえ出せば、それなりのサービスを受けることができるかもしれない。しかし今回、私が受けたサービスは、お金など全く関係ない、本当に気持ちのこもった温かいサービスだった。次に北海道を訪れるのは、いつになるかはわからないが、絶対にあの「おかえりなさい」を聞きに行きたいと思っている。

（貞松宏和）

33 電車で受けた最高のサービス

ある十二月の終わり、私は翌年から始まる本格的な就職活動を前に、情報収集をしようと、東京へと出掛けていった。その後、無事に東京での就職活動を終え、私は自分の下宿先のある浜松市へと鈍行電車を乗り継いで帰る予定だった。

しかし、私が方向音痴なのか、また就職活動で忙しく動き回って疲れていたのか、浜松方面とは全く違う、下田方面の電車に乗車してしまったようであった。しばらくして、私は車窓から見える景色が、いつもの見慣れたものとは違うということで、自分が乗る電車を間違ってしまったということに気付き、慌てて途中の駅で飛び降り、何とか戻ろうと、浜松方面の電車へと乗り換えたのだった。しかし、私が熱海に戻った時には、時計はすでに二三時を回っており、その日のうちに浜松市まで乗り継いでいくことのできる電車は、残り一～二本という状況になっていた。

私は何とか今日中に浜松に帰りたいと思ったが、自分が路線を間違ったため、これからどうやって浜松まで戻ったらよいのかわからず、悩んでいるところに、私が乗ってきた電車から二人の車掌さんが降りてくるのが見えた。悩んでいるよりも、先ず聞いてみようと、車掌さんたちに、「電車を乗り間違えてしまったのですが、何時の電車に乗れば、浜松まで戻れるでしょうか」と話しかけてみた。

すると、その車掌さんたちは、先程の電車でその日の仕事が終了していたにもかかわらず、嫌な顔一つせず、私の話を聞いてくれた。車掌さんたちは話を聞き終えると、急いで車掌室に戻り、時刻表を持ってきてくれ、「沼津駅で快速に乗り換えれば、少し早く静岡に着きますよ。もしそこで何かわからないことがあったら、沼津の駅員さんにまた聞いてください」といい、私のために最善の方法を選び、教えてくれたのだった。

車掌さんたちが教えてくれた通りに、沼津で下車した私は、近くにいた駅員さんに、「次の快速電車は何番ホームから何時に発車しますか」と聞いてみた。すぐに駅員さんは、「今向かいのホームで停車している電車に乗れば、静岡までいくことができます。ですが、あの電車は一分後に発車してしまいますから、乗るなら急いだほうがいいよ」と丁寧に教えてくれたのだった。

その快速電車に無事に乗ることができ、やっとの思いで静岡に到着したころには、時間はすでに〇時を回っていた。それでも私は、何としても浜松まで戻ろうと思い、静岡駅でも聞いてみた。駅員さんの話によると、浜松まで行くには、〇時二〇分発の寝台特急に乗るか、二時三九分発の快速電車に乗るか、次の日の始発（五時三九分発）に乗るかの三つしかないとのことであった。

できるだけ早く浜松に戻りたかったので、寝台特急で帰りたかったが、今回は青春一八切符を使って東京へ行ったために、現金を二千円ほどしか持ち合わせていなかった。寝台特急には到底乗れるはずがなかったのだ。それでも、とにかく早く戻りたかった私は、玉砕覚悟で、それまでの経緯を含め、再び駅員さんに相談したところ、「寝台特急の運転手さんに直接話したら、もしかしたら乗せてくれるかもしれない」と教えてくれた。その言葉を頼りに、運転手さんに話しかけてみた。すると、運転手さんは、「話は後で聞くから、とりあえず乗ってください」と、私を乗せてくれたのだった。乗車後、私が、「乗せてくれてありがとうございました。しかし、私はお金を持ち合わせていません」というと、運転手さんは、「代金は、お客様が後日、浜松駅に払いに行ってくだされば結構です」と優しく答えてくれた。おかげで、私は無事に浜松へと戻ることができたのだ。

私は、その日お世話になったすべての駅員さんの行動に感激、感謝した。そして普段、何気なく乗っている電車で受けた最高のサービスは、私の中にいつまでも残るものとなっている。

（田村まさみ）

34 旅行者へのちょっとした親切

暮れも押し迫った頃、私は知人と二人で、H県K市に観光に訪れていた。その日は、一泊二日の観光を終え、旅の思い出に何か土産物でも買おうということで、Sという場所の地下街で買い物をすることにした。

土産物をだいたい買い終わり、私は、帰りの新幹線で食べるようなものが何かないかと、少しブラブラしていた。その時の私は自分の荷物に加え、知人の荷物、更には両手に数個の手提げ袋を持っているという状態だった。なぜ、そんなことになっていたのかといえば、その知人が旅行中に体調を崩してしまったためだった。そんな状況ということもあって、私は、とにかく食べ物なら何でもいいからと思い、すぐ近くにあったKというパン屋さんに入り、パンを買うことにした。

一通りパン屋さんの中を見て回り、特に何も考えることなく、四〇〇円くらいで売っていたパンの詰め合わせを買おうと、レジへ持っていった。私が、またこれで袋が一つ増えてしまうな、などと考えながら待っていると、レジの店員さんが、「このパンは三日以内に召し上がりますか」と話しかけてきた。一瞬何をいわれたのかわからなかったのだが、ようやく理解し、「ええ」と答えた。すると店員さんは、「このパンの賞味期限は三日以内となっておりますので、なるべくお早めにお召し上がりください」といってくれた。パンの袋には、きちんと賞味期限を知らせるシールが貼られているにもかかわらず、そのことを直接、私に伝えてくれたのだ。細かい心遣いに少しうれしくなった。

代金を払い、お釣りとパンを受け取ろうと待っていると、先程の店員さんが、私のところにやってきて、「先程から見ていましたが、持ち運びが大変そうですから、お荷物の方、おまとめしましょうか」といってくれたのだった。私は、荷物は確かに重いが、それらの商品はパン屋さんで買ったわけではないので、そこまでしてもらってよいのだろうかと悩んでいると、その店員さんはにっこりと笑い、私のほうに両手を差し出してきた。申し訳ないと思いつつ、店員さんに手荷物を渡すと、たくさんあった私の手荷物をたった一つの袋にまとめてくれ、私に返してくれた。

私は幸せな気分で、パン屋さんを出ようとすると、「ありがとうございました。またお越しください」といわれたが、ほんとうに「ありがとうございました」といいたいのは私のほうだった。

帰りの新幹線の中で、私がずっと幸せな気持ちであったことはもちろんのこと、そのパンの味が、これまで食べたどんなパンよりもおいしかったこともいうまでもない。

（白井正博）

35 荷物を運んでくれた店員さん

その年の一月、私はめでたく成人式を迎えることができた。その時に、親族と、昔からの親しい付き合いをしていた近所の人たちからご祝儀を頂いたということもあり、そのお返しに何がいいだろうかと考えていた。

さんざん迷った結果、雑貨品を贈ることに決めた。それは、私自身が雑貨を見ることが好きで、よくいろいろな雑貨屋さんにふらふらと寄っては、商品を眺めているということもあるし、また、友人の誕生日プレゼントにして、とても喜ばれたことがあったためだった。そこで私は中心街のビルにある雑貨店へと出掛けていった。

駐車場と一体化しているそのビルで車を停め、目的地の雑貨店へと足を運んだ。その日は休日ということもあって、ビルの中は人で一杯で、その雑貨店も同様に混んでいた。私は店内を一周しながら品定めをし、スタンドライトを購入することにした。全部で五つ買うことになっていたので、同じ種類はなるべく避けようと、三種類ほどに分けて買うことに決めた。

スタンドライトは棚の上のほうに置かれていて、手が届かなかったので、レジの近くにいた店員さんに頼み、取ってもらうことにした。スタンドライトを受け取り、レジに行き、「贈り物用に包装してください」とお願いしたところ、「商品の包装に時間が少々かかりますので、それまで店内をご覧になってお待ちください」といわれ、番号札を渡された。

いわれた通り、店内の商品を見ていると、自分の欲しい商品があったので、買うことに決め、レジに持っていこうとするのと同時に、店内放送で私の番号が呼ばれ、商品の包装が終わったことを告げられた。贈り物用の商品を受け取り、先程見つけた自分用の商品の支払いを済ませた私は、この荷物をどう運ぼうかと考えていた。数も多く、また、一つ一つが重いのだ。

一人で一度に運ぶのは無理だなと考えていると、女性の店員さんが、私のところにやってきて、「どうされましたか」と聞くので、荷物が多くて運べず困っていることを告げると、「こちらへはお車でいらっしゃって、ビルの駐車場にお停めになっていますか」と尋ねてきた。「はい」と答えると、その店員さんは、「では、お車のところまで一緒にお持ちします」と笑顔で対応してくれたのだ。私は、お店が混んでいるのに申し訳ないと思いつつ、その言葉に甘えて、運んでもらうことにした。

駐車場に着き、荷物をトランクに入れ終え、お礼をいうと、その店員さんは「ありがとうございました」と深々と頭を下げ、店のほうへと戻っていった。それを見届け、帰ろうと思ったその時、自分用に買った商品がないことに気づいた。慌ててお店まで戻り、さっき手伝ってくれた店員さんに、そのことを伝え、レジ周りを探してもらったが、商品はなかった。

すると、その店員さんは、「もしかすると、先程の贈り物の袋に入っているかもしれないので、一緒に見に行きますよ」と再び笑顔で対応してくれた。

車まで戻り、トランクを二人で探したところ、商品が袋の裏に隠れていた。私は申し訳なくなり、何度も謝った。すると店員さんは、「いいえ、こちらこそお客様にそのことをいわず、申し訳ありませんでした」といってくれたのだ。お店が忙しいのにもかかわらず、私一人のために、こんなにも必死になってくれる店員さんと、そのお店こそが、顧客の心をつかむ〝感動サービス店〟だと、私は強く感じた。

（山崎剛）

36 ママの手作り

サービスを争う産業のなかで、最もそのサービスの質を評価されるものの一つにスナックがある。私も何件か顔見知りの店がある。客であれば誰でもそうだと思うが、行きつけの、いい換えれば、ホームグラウンドともいうべき店を持っているはずだ。私も、とりわけ懇意にしているスナックがある。

この店は、とある町の某ビルの三階にあるのだが、この不況のなか、いつ行ってもお客の歌い声や、話し声が響いてくる店なのだ。ドアを開けて、ママの顔を見ると、いつも、「おかえりなさい」と大きな声で、優しく語りかけてくる。はじめは違和感があったが、慣れてくると不思議なもので、この店に帰ってきたのだと、落ち着くものだ。

初めての客に対しては、「いらっしゃい」と使い分けてもいる。ママの声が店内に響くとすぐに、従業員の女性が、客に「いらっしゃい」と声を掛けて、上着を預かりに来てくれ、客がリラックスできるように上着を脱がせ、大事にハンガーに掛けてくれる。その時、「貴重品はございませんか」という一言も忘れない。

その女性に案内され、空いている席に座るのだが、先ずカウンターを薦められる。客が、ボックスのほうがいいというと、当然のことながら、無理強いはしない。客である私も、その日の気分で、一人で飲みたい時、仲間と話したい時、ママと語りたい時、等々と様々だが、こちらの気持ちを察して、合わせてくれる。

ここまでは、日本中どこにでもある店と変わらないと思う。しかし、座席に着くと、すぐに、お通しとして、気の利いた、いい換えれば、手の込んだ小料理が出てくるのだ。そして、客の状態に合わせて（空腹なのか、料理は要らない状態なのか）、料理が出てくる。

ママに、いつか私が問いかけた言葉がある。

「この料理、おいしいけど、ママが作ってるの？」

「そうよ。私が作っているのよ」

「漬物もあるけど、これも、ママが作ってるの？」

「そうよ」

「ママの気持ちがこもっているし、いいよね」

「ありがとう」

　この言葉は、私のいつわざる気持ちから出た言葉だ。いつ店に来ても、ママのおいしい手料理が食べられ、気の利いたサービスも受けられる。この店が繁盛しないわけないな、と思ってしまう。同行した私の友人も、「地域ナンバーワンだね」といっていた。

　そして、勘定のほうも、他の店よりも二～三割安くなっているのだ。付け加えれば、サラダ類、漬物類を除いて、同じ手料理を出された記憶がなく、また、出された料理の品数に変わらず、料金が一定なのだ。

　最後に、客が帰る時は、必ずママが店から出て、エレベーターの入り口まで見送ってくれる。

　私はいつも。来てよかったと。そして、また来ようと。


（岡本修武）

37 こころを暖かくする食事

師走の慌ただしさが日増しに増す十二月十日、足の付け根の痛みを訴える老母を静岡市内の総合病院へ案内した。

外来担当の医師は、痛みの様子と場所から「多分骨が折れているのでしょう。最近転びましたか」と尋ねる。本人は「気を付けていて、転んだ覚えがありません。骨粗鬆症といわれたこともないし、栄養にも気をつけている」と答える。

「レントゲン写真を撮りましょう」ということで、レントゲン写真の台の上で、仰向くのが痛いと訴えながら撮影する。結果は予想通り、「右足大腿骨骨折」で、即入院そして牽引をすることとなった。

入院と決まったものの、退院する人を待つとのことで、とりあえず予備室のベッドに横になる。本人は、痛みと予期せぬ診断結果にすっかり打ちのめされ、一段と元気をなくす。

午後一時頃、痛みのなかで空腹を訴え、急遽売店で弁当を求める。中年の女性店員が、さりげなく、どのお客に対しても尋ねるように「温めましょうか」と尋ねる。そのようにお願いして、遅めの昼食を母と一緒にいただく。

「ああー、温かくておいしい」と、思わず喜びの声を母が発する。実際、その温もりは、痛がっている患者の痛みを癒すだけでなく、心を慰め、染みわたるようだ。

病院売店での弁当を暖めるサービスは、利用する人が患者であったり連日の看病に疲れきった付き添いの人が主だろう。それだけにサービスとしての価値は高いといえる。

以前患者は、よく「病院の食事は冷たくてまずい」といったものだが、入院後の母の食事を気をつけて見ていると、暖かい状態で食べてもらえるように、工夫と努力がされていることを感じる。サービスが高度化されてきているのだ。

弁当を温めるサービスは、コンビニでも無料で、ごく当たり前のように行なわれているという。コンビニを利用する人々を考えてみれば、やはり家庭の台所で調理する時間や手間のない人が多いだろうと予想される。それはそれとしてのニーズに応えているということだろう。

サービスの本質とは何か、要らないものを押しつけるのは論外で、顧客が本当に望むことに応えることは当然として、それ以上に真心や思いやりの気持ちを具体的に実行することだと思う。

コンビニやファーストフード店で、アルバイトの店員がマニュアルに従って、丁寧な言葉遣いや礼儀作法で応対しているが、ただ形だけでの応対は、サービスの押しつけとなり、やぶ蛇となる可能性を内包している。

サービスを提供する側と受け取る側の気持ちが通い合った時にこそ、本当のサービスが生まれる。実体はわからないが、店員によって売上だけでなく客足も異なってくるのではないだろうか。

（愛野明宣）

38 感動空間を提供するパリの店

パリのモンマルトルの丘にラパン・アジルというシャンソン酒場がある。ラパン・アジルとは「跳ねウサギ」という意味だそうだ。

そこを知人の奨めで訪れる機会があった。

店は、地下鉄十二号線のラマルク・コーランクールという駅で下車し、急斜面を徒歩で五分ほど登ったあたりの、小さなブドウ畑に囲まれた赤レンガの古い一軒屋で、酒の瓶を抱えたウサギの絵が目印だ。シャンソン酒場の中では老舗で、人気の高い店と聞いていたので、私たちは開店時間より少し前に到着し、期待に胸を膨らませて店の前に並んだ。

午後九時を少し過ぎた頃ようやく入り口の明かりが灯り、店内に入ることができた。中を見渡すと、少し狭いが、なるほどピカソやユトリロなど多くの画家が集い、芸術について語り合った場で、古きパリを偲ばせる雰囲気がある。

壁面には、所狭しと様々な絵画が飾られており、照明、インテリア、調度品などの全体の調和から落ち着いた空間が醸し出されている。サイドには古いピアノと小さな椅子、中央には大きなテーブル、これを囲むように壁面に沿ってレイアウトされた長めのテーブル・椅子が設えてある。

最も良い席は、真ん中のテーブルだが、ボーイの案内する席は壁側の狭い席だった。私たちが一番乗りなのに、これはひどい対応だと感じた。中央の席は、馴染みの客用か、まさか団体旅行ご一行様の席？　などと思いが巡ったが、文句をつける語学力を持っていなかったので、黙って従うことにした。

蝋燭の下で赤ワインを味わいながら、談笑していると、例の中央の特等席に、当然のような振る舞いでフランス人らしき老若男女が三々五々席についていく。服装から見て地元の馴染み客らしい。

そうこうするうちに、ステージが始まり、一人また一人と歌い手が登場した。シャンソンは「枯葉」しか知らない私だが、歌い手それぞれが哀愁と情感の溢れる生の歌声を店内に響かせ、本場のシャンソンが堪能できた。ゆったりと歌い上げる曲、少しアップテンポの曲、様々あったが、中央に陣取った馴染み客たちはその曲調に応じて手拍子をしたり、ハモりはじめている。その合わせ方が絶妙でハーモニーも素晴らしい。昔も今も変わらずに、こうした場から絶えず歌声が響き続けているかと思うと、パリの文化的蓄積の深さに改めて感じ入るとともに、ここに溜まっていた多くの著名人と感動を共有できたようで最高のひと時だった。

座が盛り上がるなか、驚くべきことが起こりはじめた。真ん中のテーブルにいた人たちが、一人ずつ交代で歌い始めているのだ。専門家でない私にも、それはプロのレベルと感じられた。こうした現象は日本のスナックなどでもよくあるが、なかには下手の横好きもいる。ここでは、みんな桁違いに上手い。先程の一糸乱れないハーモニーの理由もここでわかった。

これらは、もしかすると、すべて演出し尽くされているのではないか。馴染み客が適当に揃ったにしては歌う順番、身のこなしが自然であり過ぎる。すべて雇われた人か？　それとも飲み代を免除されたセミプロ集団？　地元のボランティア集団？　いずれにせよ、そう見れば座席の一件も納得できる。

真相は明らかでないが、そこにある有形無形の資源を活用して異国から来た旅人の心に響く感動空間を提供していることは事実だ。期待を良い意味で裏切るレベルのサービスをさりげなく演出して提供すること。これこそが真のエンターテーメントだと思った。

日本国内において、残念ながらこうしたサービスに巡り合ったことはない。どこか片田舎の浜辺で、地元の漁師たちが今日の釣果を話題に漁師鍋などをつつきながら一杯飲んでいたり、杯を片手に海で鍛えられた船歌を披露し合っている光景に偶然出くわして、その輪の中に引きずり込まれる状況を期待するのは私だけだろうか。たとえそれが演出された世界であっても……。

（野村浩司）

39 人柄を伝えるネット通販

インターネットを利用してモノやサービスを購入することが日常化しつつある。そのメリットは何といっても、自宅に居ながらにして、全国各地の販売店から欲しい商品を瞬時に検索し、全く人に気兼ねすることなく価格や内容を比較できる点だ。しかも、購入した商品は自分の望む日や時間帯に宅配業者が自宅まで正確に運んでくれる。さらに、クレジットカードや代金引換システムを利用すれば、入金のため銀行や郵便局に走る必要もない。

これは忙しい消費者にとって、非常に便利なシステムだし、商店にとっても、広範囲から多様なお客さんの獲得が期待できるなどの魅力がある。しかし、一方で、「販売する人」と「買う人」というフェース・トゥ・フェースの繋がりの希薄化が懸念される。つまり買い物という行為が「乾いたもの」になってしまい、面白味や人間味、温もりといった、お店の人との交流や商売の本質である「真心を売る」という観点が失われかねないということだ。

ところが、この「ネット通販」と「真心のこもった商売」という一見、相矛盾しそうなことを見事に両立させ、ご商売をされている店がある。蒲原の銘酒市川という酒屋さんである。

最初は何気なく清水の支店にふらりと入り、お奨めの一本を購入、顧客名簿に住所氏名を記入して帰ったのがお付き合いの始まりである。

その後、その支店は休業となり、やむを得ず別の酒屋さんで浮気をしていたが、ある日、蒲原の本店から自宅に封筒が送られてきた（おそらく元支店の顧客名簿から発送されたのだろう）。その中には、店の商品の案内資料が入っており、全国各地の地酒の特徴やそれを店主自らが試飲したコメントが、「この酒はめちゃ旨いっす！」などと実に軽妙に語られていた。中身が面白かったので、早速、ホームページを覗いてみることにした。

その構成は非常にわかりやすく工夫されていた。銘柄別に整理されたアイコンから自分の好きなコーナーに入ることもできるし、店主お奨めの一本や特別限定酒のコーナーから入ることもできる。もちろんすべての銘柄に絶妙なコメント付きで、なかにはお客様からの生の感想を加えてあるものもあった。さらに驚いたのが、店主・市川祐一郎さん自身の自己紹介コーナーがあり、それを開くと、これまでの生い立ちがフローチャートを使ってユーモアを交えて展開されていることだ（ここまでオープンに自らを露出されてしまうと、なぜか親近感を覚えてしまう。まさに顔の見える商売だ)。

メールマガジンを申し込むと、以降、定期的に送られてくるその中身の充実ぶりは、スゴイの一言だった。先ず、お奨め品の紹介から始まって、店主の近況報告が続くが、これがかなり面白い。例えば、花見で飲み過ぎた話、地区運動会の話、地元蒲原を紹介する話(東京タワー建設に関わった鳶職にはなぜ蒲原人が多いかとか、蒲原周辺からイルカを食べる食文化が各地に広まったとか)、蔵元への買い付けの珍道中の話、ヤフーや地元テレビの取材を受けた時の裏話、等々。

当然、日本酒に関する誠実かつ軽妙な語り口のコメントも毎回掲載され、こうしたメッセージによって、市川さんの人となりが手に取るようによくわかってくるようになった。そうこうするうちに、まだ面識もないのに「かなり良い人に違いない」と確信を得るようになってくるから不思議だ。

そこで一度注文をしてみたのだが、この時、実は小さなトラブルがあった。注文時に住所の入力をしていなかったのだ。すると出張移動中の携帯電話に市川さん本人から電話がかかってきた。私のミスにもかかわらず、その応対はとても丁寧だった。

自宅に帰り、いつものとおりメールを確認すると、市川さんから、住所を知らせてほしい旨のメールが来ていた。発信時間は何と二三時五三分！　出張等のため、しばらく気がつかずに放置されていたのだ。こんな時間まで対応に追われていたのかと思うと胸が痛んだ。しかもあの時の電話では全くそんなことを感じさせないほど、さわやかな応対だっただけに……。

その後、「本日ご発送」というメールとともに、商品は予定どおり宅配され、その中にはホームページの内容をまるごとコピーしたCD–ROMが同封されていた。お客様が通話料を気にすることなくゆっくり商品を眺められるようにとの配慮である。そして、入金日に「ご入金ありがとうございました」というメールが届いた。

ネット通販は何度か経験があるものの、こうしたきめ細かなサービスは経験したことがなかったので、その対応の素晴らしさに改めて驚き、感動を覚えたのだ。

（野村浩司）

40 人と酒が好き

銘酒市川からメルマガの特別号が来た。そこには、「購入の実績があるお客さんにそっと教える特別限定酒のご案内」と書いてあるではないか。しかも、「昨年はあっという間に完売してしまったのでお早めに！」とある。私は即座にその特別な限定酒の注文をした。また、注文の書式に店主へのコメントという欄があるので、いつか教えてあげようと思っていた秘密を入力した。

それは、私と二年間職場が一緒だった日本酒愛好家のIさんが、何と市川さんの高校野球部の後輩だったことだ。その事実は、ある日ひょんなことから、その彼に、「蒲原に日本酒の銘柄が充実していて、ネットで年間五千万円を売り上げ、それが全体の四割を占めるほどすごい店がある」という話をしたことから判明したのだ。その時のお互いの驚きと、ネットによる繋がりの意外な展開への感動は今でもよく覚えている。

このような内容を含めて発注のメールを出すと、即座に「注文ありがとうございました」というメールが来た。さらに、「本当ですか！」という驚きの様子と「今度、I君と飲む際は誘ってください」というメッセージが加えられていた。

通常こうした社交辞令的なやり取りはよくあることだが、私の再度の入力ミスによって実現することになった。今度はクレジットカードの番号を間違えたのである。例によって市川さんから確認のメールが来た。その日は、たまたま出張で付近を通りかかる予定があったので、直接お店のほうに行ってみようと思った。市川さん本人と会ってみたかったのだ。

すべて仕事を片付けた帰り道に、出張に同行していた同僚の了解を得て、銘酒市川の扉をたたいた。幸い本人がいて、クレジットの問題はその場で解決した。直接お話をするのはもちろん初めてだが、ホームページやメールのやり取りでどのような人柄かは察していたこともあり、とても初対面の人とは思えなかった。やっぱり私が思っていたとおりの「かなり良い人」だった。インターネットは人と人を冷たい関係にさせるかもしれないが、真摯な姿勢で使えば、実際に会った時に、人と人との距離を一気に縮め、壁を取り払ってしまうものだということを体感した瞬間だった。同席した同僚に後でこの話をしたら、「えっ、前からのお友達ではなかったのですか?」と驚かれたくらいだ。

話が弾み、Iさんの話になったところで、今度、彼が静岡に来たら一杯やりましょうということになった。後日、その内容を彼にメールしたところ、近々来るとのことなので、その日程を市川さんに伝えた。返事は、「あいにくその日は東京から知人が来るため静岡では無理ですが、どうせなら自宅で一緒にどうですか？」という内容だった。東京から大切なお客様が来るのに自宅に押しかけるのはどうかとIさんと悩んだが、「気軽にどうぞ」とのお言葉に甘えることにした。

当日、私たちは、市川さんのご家族と遅くまで楽しいひと時を過ごした。いろいろ話を聞いていくと、東京のお客様と市川さんも旧知の間柄ではなく、どうやら「食を楽しむ会」といった会でたまたま同席し、その時に市川さんから誘われたらしい。実にオープンな人だと感心した。

仕事柄、商売成功の秘訣やご苦労みたいな話が聞きたかったので、先日の深夜メールの件を切り出して、「遅くまで大変ですね」という話しをしたところ、「いえいえ、オシゴトです。暇で困ったなあって悩んでいるより、忙しいほうが本当にありがたいです！」という答えが返ってきた。聞くところによると、六年前から富士市のバーチャルモール第一号に出店したのはよいが、当初は半年で六人程度にしか売れず、試行錯誤の結果、現在のビジネスモデルが確立されたらしい。そうしたご苦労の結果が今の実績に繋がっているのだ。

ちなみに昨年の年末は一日百件の注文があり、一人で処理するのが大変で、機会ロスもかなりあったらしく、これが改善されればもっと売上げが伸びる可能性があるというお話だった。さらに驚くのは、こうしたネット通販に片寄ることなく、近隣の飲み屋への配達など、通常の地道な酒屋業務をもこなしていることだ。

商売の本質は真心を売ること。人と酒が好きで、蔵元と消費者の間に立って、蔵元が丁寧に醸したお酒とその真心を伝える。この大切さを、当日の会話の一端からひしひしと感じさせられ、ますますファンになっていくのだった。

（野村浩司）

41 プラスのシナジー効果

私は特にガソリンスタンドを選ぶほうではないが、何となく入りやすいスタンドを自分の行動範囲内にいくつか見つけている。そのなかの一つ、Ａスタンドに立ち寄ったのは、ある日の夕刻だった。

このAスタンドは窓拭きや灰皿の清掃・エンジンルームの点検などを省き、価格を抑え、係員がガソリンの補給のみを行なうスタンドだった。とりわけスタッフの対応が良いというわけでもなかったが、価格が他店に比べ安いということで利用していたのだ。

しかし、私はこの日とんでもない状況に遭遇してしまう。新人だろうか、若いスタッフが給油を開始した。ここまでは、スタッフが新入り風ということ以外はいつもと同じだった。ハプニングが発生したのは、その後だ。

見なれた顔のベテランスタッフが、慌てた様子で私の車に近づき、給油中のノズルを給油口から引き抜くではないか。ガソリンの出る勢いでホースが踊り、一気にガソリンが吹き出したのだ。私は運転席の窓を開けていたため、ドアの内外や自らの足の太股あたりにガソリンをかぶってしまった。

私が困った顔をしていると、そのベテランスタッフは申し訳なさそうにドアの外側を拭き続けている。どんなにパニックになっていたかは知らないが、ガソリンが付着し、ズボンも変色し、ヒリヒリと痛みさえ感じていた私の「ドアよりも足を拭くタオルが欲しい」との訴えを聞くこともなく、「車は全体を洗車しますので……」などといいながら、ひたすらドアを拭いているのだ。これには呆れた。

この状況を私は許すことができなかった。後から知ったのだが、ハイオク仕様の私の車にレギュラーガソリンを若いスタッフが間違って給油したと勘違いし、ホースを引き抜いたらしい。これくらいの間違いなら気にしないのだが、人の身体よりも車を心配したスタッフには頭にきた。ましてや、そのベテランスタッフがAスタンドの所長と聞き、なおさら腹立たしく、二度と来るものかと怒りの感情を持ったままにAスタンドを後にした。

数日後、私は車のガソリンがなくなったため、ガソリンスタンドへと向かうが、Aスタンドはもう懲りごりだとBスタンドへ足を運ぶ。Bスタンドは、昔からあるタイプの、窓拭きや灰皿の清掃、エンジンルームの点検などを実施しているガソリンスタンドだ。車を横付けするや、すぐに駆け足で運転席の近くまで来て、私が周囲を気にしてしまうくらい大きな声で「いらっしゃいませ」といいながら元気な青年が笑顔を向けている。その表情は実に晴れ晴れしく、さわやかな印象だ。給油確認もこれまた大声で確認し、きびきびとした態度で作業をこなして気持ちが良かった。

更に数日が経過し、またガソリンがなくなったのでBスタンドへ行くと、今度は若い女性スタッフが、人懐こい笑顔と大きな声で迎えてくれた。以前の元気な青年と同じように利用者に満足感を与えてくれる態度で接してきてくれたのだ。「元気ですね」と声を掛けると、「それしか取り柄がないんです」などといいながら終始笑顔で作業を続け、「この仕事が好きなんです」と情熱的に付け加えてくれた。

その後も私は何度かBスタンドを利用したが、ある時、この二人のスタッフの大きな声と笑顔、そして自己の仕事に対するやりがいが、プラスのシナジー効果を生んでいることに気がついた。新人の、いわゆる今風のスタッフも、自然と彼ら彼女らの態度を見習い、何かに導かれるかのように充実した心配りをしているように感じた。価格を抑えた完全セルフサービス式のガソリンスタンドが急激に増加するなか、少し価格が高くても足を運びたくなる、人の情熱的な部分を思い出させてくれる、癒し系のチョットいい気分になるサービスのお店だ。

（村田守住）

42 お詫びに来た社長

先日、クリーニング店に、ホットカーペットを取りに行った時のことだ。私は、預かり伝票を受付の女性に渡し、ホットカーペットを受け取った。家に帰り、中身を確認してみると、ホットカーペットの本体はあるのだが、ホットカーペットカバーがないことに気付いた。私の使っているホットカーペットは、本体とカバーの二枚で一組になっているものなのだ。

私は、受付の女性が渡し忘れたのだと思い、また車で二十分はかかる、そのクリーニング店に向かった（近くにもクリーニング店はいっぱいあるのだが、安くて仕上がりが早いので、いつもそこを利用している）。

クリーニング店に到着して、先程の女性にカバーをもらい忘れたというと、さっき渡した預り伝票を確認して、「本体だけでカバーは預かっていない」という。

私は、「そんなことはないので、もう一度確認してほしい」といったが、「伝票には本体のみと印刷されているので、当店では預かっていない」と繰り返す。

「伝票の入力ミスじゃないですか」と聞くと、「そんなことは絶対にない」ときつい口調でいい返された。

そして、その女性は、「お客様の勘違いだと思うので自宅に戻って調べ直してください」とまでいった。

そこまでいわれると、私の記憶も定かではないので、仕方なく二十分かけて自宅に戻り、家中を探し回った。しかし、どこにも見当たらないので、もしかして別のクリーニング屋に出したのかと思い、心当たりのクリーニング店に電話で確認してみたが、やはりどこにもなかった。

冷静に記憶をたどってみるとやはり、本体とカバーは、一緒にクリーニングに出しているはずだ。

今度は電話で、いつものクリーニング店に「もう一度確認してほしい」と伝えた。カバーの柄を細かく伝え、なんとか探してくれるように頼んだ。電話に出た女性が、しぶしぶ「探してみます」と返事をした。

それから数時間後、クリーニング屋から電話があり、「似たような柄のカバーが見つかったので、確認しに来てほしい」と連絡があった。三度も行くのが嫌だったので、「家に持って来てくれ」というと、「それはできないのでこちらに来てください」という。仕方なく、また車で二十分かけて行くと、確かに私のカバーだった。受付の女性は、申し訳ございませんの一言もなく、このカバーの料金をもらってないので、払うようにいってきた。怒りを抑えつつ料金を払い、家に戻った。

家に着いても怒りは収まらず、クリーニング店に電話、社長に直接、「今回の件は明らかにあなた方のミスではないか」とクレームをいった。「お客様は常に正しい」という経営理念の企業があるなか、受付の女性の態度はあまりにも傲慢ではないか、と伝えた。すると、社長は、「いますぐお詫びにお伺いいたします」といい、三十分後には私の家に来て、丁重に詫びの言葉をいい、粗品まで置いていった。

私はその素早いクレーム処理に感服し、先程の女性社員のことはすっかり忘れることができた。確かに、社員教育が行き届いてはいないが、この社長の素早い対応によって、顧客を一人失わず済んだのである。数あるクリーニング屋でこの会社が伸びているのは、まさに社長のフットワークの良さだと思わざるを得ない。

（神谷好人）

43 客を選ぶ？地域小売店

かなり前の話だが、自宅に中古のエアコンを取り付けた時のことだ。

私の家は、天竜川に程近く風通しが良いので、新築時にエアコンの取り付けは考えていなかった。

その後、友人が中古のエアコンを安く譲ってくれることになり、我が家にもエアコンが取り付けられることになった。取り付けは、近くのS電気店に頼もうと思った。今後の付き合いやアフターサービスを考えると近くの電気店が便利だろうと考えたからである。

早速電話をし、中古のエアコンの取り付けである旨を話すと、店の奥さんらしい女性は「自店で買った物ではないので部品等がない」とか「中古品では保証ができない」などと、露骨に嫌そうな返事をする。

せっかく譲ってもらったエアコンを取り付けられないのも忌々しいと思いながら、数日後、M家電量販店のカウンターで女性店員に「中古のエアコンの取り付けをしてもらえるか」と恐る恐る尋ねてみた。女性は当然のように「はい、できますよ」と明るい声で答えてくれ、「いつがよろしいですか」と聞いてくれた。

その後、費用の説明をしてくれたが格段に安く、その場で取り付けをお願いしたのはいうまでもない。そればかりか、一緒に店を訪れた家内と相談して、「中古のエアコンの取り付けだけでは申し訳ないし、どうせだから居間用にもう一台取り付けよう」ということになった。

S電気店の奥さんが新品を買ってくれるならばともかく、中古のエアコンの取り付けなんて面倒臭いし儲からないと考えたとしても、それ自体は、ごく普通のことだろう。しかし、依頼している我々お客の側も同じことを考えている。だから申し訳ないと思うのだ。

取り付けに来てくれた工事担当者の対応も気持ちが良く、エアコンとは全く関係がないコンセントまで無料で取り付けてくれるなど、サービスがとても良かった。その後もM家電量販店で私の書斎のエアコンや電灯等の電気製品を購入している。余談になるが、あのS電気店ではあれ以来、乾電池一つ買ったことがない。

小売店の数は全国で大きく減少している。そのほとんどが中小零細の小売店だ。経営者の高齢化や大手量販店の進出などの影響が考えられるが、小売店自身の経営のあり方にも問題があるのではないだろうか。

大量仕入・大量販売の大手量販店に、中小零細商店が価格で対抗できるはずがないのだ。しかし、共稼ぎや高齢化が進む現在、地域の小売店には、大手にはできない、きめの細かいサービスが求められているのではないだろうか。

本来、顧客密着型のサービスを提供し、非価格競争力を付けていかなくてはならない中小零細商店よりも、むしろ大手量販店のほうが、かゆいところに手が届くサービスを提供していることが、地域小売店の衰退を招いている最大の原因ではないだろうか。

（坂井光蔵）

44 オーナーが書く「ハガキ通信」

「……。先日は、ご来店ありがとうございました」

「……。TEL-order、ありがとうございます。OKでしたか?」

「……。靴、お待たせしてすみません。代替品の入荷は、十二月中旬頃の予定です。また、ご連絡します」

これらは、私が日頃から利用している、ある洋服屋さんから毎月送られてくる「ハガキ通信」の表面に、店長さん自らが書き添えてくれている言葉だ。店長さんは、これらの言葉を何気なく書いているのかもしれないが、その何気ない一言が、ハガキをもらう者の心をどれだけくすぐるかは、想像に難くないところだろう。

この洋服屋さんは静岡市の中心部、紺屋町のメインストリートを西に少し入った所にある。お店は「英國気質の洋服屋」を標榜するだけあって、入り口にはイギリス国旗「ユニオンジャック」がはためいている。お店は二階にあるのだが、お店に入るまでに、一階エントランスにはアンティーク家具を上手に使ったディスプレイが置かれていたり、また二階に上がっていくための階段が、木製の螺旋階段になっているなど、店内に入る前だけでも十分に楽しめるつくりとなっている。

私は、この洋服屋さんに出入りするようになって、まだ二年ほどしか経っていないが、このお店のオーナーさんは、本業はもちろんのこと、本業以外の分野にも造詣が深く、なかなかの人物だと、多くのお客様から高い評価を得ている。

そんなオーナーさんが、毎月送ってくれているハガキ通信には、そのときの商品の案内はもちろんのこと、その他に、服飾・流行・商売・人生観にまつわるオーナーさんの薀蓄が、「倶樂部余話」として語られていて、ついつい読み入ってしまう内容になっていて、多くの顧客が毎月ハガキが来るのを楽しみに待っている。何を隠そう、私も、そのオーナーさんの人柄・哲学に魅せられて、わざわざ浜松から静岡まで出掛けてしまうようになった客の一人なのだ。

ここで、その魅力をいくつか紹介すると、

第一に、ハガキ通信の宛名だが、既婚者には、夫婦連名で送られてくるという点である。そのお店に妻は来店したことがないのだが、自分の名前が記されていることで、ちょっとしたうれしい気分になるという。それだけでなく、お店の顧客リストには、夫婦のそれぞれの誕生日、結婚記念日が登録されており、その月になると、いつものハガキ通信にプレゼントが付いて届けられ、我々を喜ばせてくれる。

第二に、静岡市内で「大道芸ワールドカップ」が行なわれる際に、積極的に手荷物預かりやトイレ開放などを行なっている。他の多くのお店が「イベントをやっていても、店には関係ない」といっているなかで、積極的に協力しているお店の姿勢にこそ、我々が感動するものがあるのだと思う。

お店でお客様を喜ばせるのはもちろん、ハガキ通信などを使い、その後のお客様とのコミュニケーションも大切にしている、この洋服屋さんのサービスを、「商品を売ったらそれで終わり」と考えている、その他多くのお店の関係者は見習ってほしいと思う。

（岡部昌之）

45 心のトゲ抜きをしてくれる商店街

先日、東京の「巣鴨地蔵通り商店街」を研究仲間とともに久しぶりに訪問調査をした。場所はＪＲ巣鴨駅を北へ四〇〇メートル、朱色で鮮やかに商店街を示すアーチがあるが、この南北七八〇メートルがそうだ。アーチをくぐり、しばらく歩くと、右側にあの有名なとげぬき地蔵尊（高岩寺）が祭られていることから、「とげぬき地蔵通り商店街」と呼ばれたり、また街来客の九〇パーセント以上が四〇歳代後半から七〇歳代の女性層ということもあり、若い女性には失礼ながら、「おばあちゃんの原宿」とも呼ばれているユニークな商店街だ。

当商店街を訪問したのは、ほかでもない。全国一万四〇〇〇カ所、静岡県内には約四一〇カ所もある商店街の大半が、内なる理由、外なる理由かはともかく、年々増大する空き店舗問題などを抱えて衰退傾向が著しいなか、当商店街は、逆に生活者とりわけ地元住民の圧倒的な支持を受け、活気に満ち溢れた商店街だからだ。

事実、商店街に対する顧客の評価の証しである来街客数を見ると、平日ですら一万人から三万人と、他の類似商店街と比較して、桁違いの多さだ。そればかりか、近年では噂を聞きつけ、買い物ばかりか、現代人のいわゆる「心のとげぬき」を求める、遠方からの「わざわざ客」も急増しているという。

商店街の入り口や中央部に魅力的な大型店など巨大な集客装置が立地していたり、商店街や個店が近代的できらびやかな建築を施した、それを見るだけで楽しくなるような商店街ならばともかく、いずれのハードも、お世辞にも美しいとはいえない古びた場末的な商店街なのに、である。

それでは、なぜ当商店街が地域の生活者はもとより地域内外の多くの顧客に愛され、親しまれているのだろうか。あえて一言でいえば、当商店街が高らかに掲げたコンセプトと、それを実行する個店の経営姿勢が顧客に共感をもたらしているのだといえる。

より具体的にいえば、他の多くの商店街が、若者や全体をターゲットに、近代的なハコモノ重視の商店街づくりを競い合うなか、当商店街はあえて時代に逆行し、〝中高年の女性が若い頃〟をコンセプトに、温もりのある、古いが情緒あふれるアットホームな商店街づくりに邁進してきたからだ。

また商店街を構成する各店舗も、とかく一般商店街で見られる、我田引水的対応ではなく、「お客様のために、街のために」を合言葉に、その大半があえて個店に居を構え、この間一貫して、行政依存や大型店対策等に走ることなく、すべてのパワーを顧客満足度を高めるために費やしてきたからといえる。

魅力的商店街とは、魅力的個店の連続した街並みだと、私は定義しているが、ともあれこうした頑張る商店街の存在を見せつけられると、消費不況、政策不況などと、まるで他人事のように嘆き悲しんでいる商店街関係者のなお一層の発奮が強く求められる。

（坂本光司）

46 バスガイドさんで選ぶ

旅行会社の企画するバス旅行に参加するか、しないかは、一般的に場所・日程・費用・その内容が決め手になる。また、参加申し込みをしてから、いつも気になるのは、参加する人が、みな気の合うよい人ばかりならよいが、といったことだ。

しかし、よく参加する高齢者の方々に尋ねると、それに勝るとも劣らないほど気になるのが、一緒に行ってくれるバスガイドさんだという。というのは、高齢者であるため、車中は楽しみである一方で、また周りの人に迷惑をかけたくないという思いが、とりわけ強いからだろう。もっとはっきりいえば、バスガイドさんを頼りにしているからだ。

事実、私もバスガイドさんの性格やガイドの仕方により、満足度が高く、かつ楽しい旅行を経験したことも何度もあるし、逆にガイドさんが義務的、自己中心的で、まるで、お通夜のような嫌な旅行になってしまったことも数多くある。

この点、Y社のOさんやNさんというバスガイドのサービスは表彰物だと思う。私は、二人がバスガイドをするツアーに、残念ながら一度も参加したことがないので、自分が体験した訳ではないが、参加した知人・友人は、ほぼ一〇〇パーセント、彼女たちを高く評価している。

知人・友人の話によれば、当初、会社側は彼女らの顧客満足度のとりわけ高いガイドぶりにほとんど気がつかなかった。というのは、バスツアーが終わると、熱心な顧客が、わざわざ葉書や封書あるいは電話で、会社宛てに、礼状をくださることは頻繁にあるため、別に二人へのそれが少々多くても、会社側としては、それほど気に留めなかったのだ。むしろ、「旅行の企画や、行った先での観光や、そこでのもてなしが、顧客の心を掴んでいるのだろう」といった程度で、バスガイドである彼女ら個人の醸し出す価値とは思っていなかった。

彼女らの類まれなサービスに上司が気がついたのは、しばらく経ってからのことだ。「新聞広告のツアーに参加したいが、そのツアーのバスガイドさんは誰ですか」とか、「〇〇さんはその旅行に一緒に行ってくれるのですか」とか、あるいは、「〇〇さんは次にどのツアーに、ガイドとして乗車されるのですか」といった電話や手紙での問い合わせが、月を追うごとに増えていったという。そのうち、彼女らが乗車担当するY社のバスツアーはなんと正式募集をする前から満席になってしまったこともあった。

彼女らのガイドするツアーに何度も参加した知人・友人によれば、とにかく二人の顧客志向は徹底しており、顧客満足度を高めるために、全身全霊を傾けているのが伝わってくるそうだ。例えば、バスが発車して一時間も経たないうちに、参加者の名前はもとより、癖までも見事なまでに覚え、日帰りツアーであっても、帰るまでに「○○さん、……」と、親しげに一人一人に最低十回以上、コミュニケーションをとるという。彼女らの目と言動は、心から、「今日はあなた様への奉仕と親切のために、私がおります」といった、そこにいるだけでアットホームな雰囲気が、たちまちバスのなかに漂うのだそうだ。

更に観光地に来れば、ありきたりな説明ではなく、それを現代社会に置き換えたり、よほど勉強しているのだろう、その時代の生き証人のように、身振り・手振りで語ってくれ、それでいて、時々ツアー客が大笑いするような、まるで漫才師のような話もしてくれるそうだ。おかげで、車酔いをする人などもおらず、そればかりか、帰る頃には、ツアー参加者ほぼ全員が仲良くなり、それを機会にサークルを作ったり、親しい友人同士になるケースも多いという。

（坂本光司）

47 総合案内の価値

先日、健康診断証明書が必要となったので、Y総合病院に出掛けた。当日の午後は用事があり、午前中の早い時間に済ませたいと思って、診療の始まる三十分くらい前に病院に着いた。自分が一番か二番かと思ったら大間違いで、病院のカウンター付近は手続きをする人でごった返していた。

手続きのため、「初診者の方」と書いたカウンターのある列に並びながら、ふと入り口の片隅に目をやると、人だかりができて、何からがやがやとしていた。

何事かと思い見ていると、総婦長さんか、あるいは、お医者さんのような年配の女性を囲むように人だかりはできていた。見ながら、聞き耳を立てると、お年寄りたちが、「初めて来たが手続きがわからない」「トイレはどこか」「のどが痛いが、どの科に行けばよいかわからない」、また、ある男性は腕をまくり、手術跡のような傷を見せながら、「化膿してしまったが、皮膚科に行ったほうがよいのか、外科に行ったほうがよいのか」などと、それぞれ大声で質問をしている。

相談にのっているその女性は、一人一人の質問者に対し、嫌な顔一つせず、場所を教えたり、症状を聞いたり、傷跡を観察したりしながら、てきぱきと、まるで交通整理をしているお巡りさんのように、一人一人を適確に誘導し、人だかりは徐々に小さくなっていく。

私は初診の手続きを済ませ、また、その女性の周りの人だかりも小さくなったので、「失礼ですが、ドクターですか」と聞いてみた。すると、「いいえ、ナースです」という。聞くと、毎朝交代で総合案内コーナーで、どんなことでもよい、わからないこと、困っている人の助けになればと、総合サービスのために立っているのだという。しかもその担当者は大半の病状に精通し、また、病院内のことも知り尽くしたベテランの看護婦さんとのこと。

人が病院に行くということは、大抵の場合、晴れ晴れとした気分で行くものではない。それればかりか、緊急を要する場合もある。その時に、スタッフが入り口でつっけんどんな態度をとったり、たらい回しにされたり、間違ったコーナーに立って順番を待っていたとしたならば、その人のイライラはより大きくなってしまう。その意味では、この総合案内コーナーの設置と、そこにベテランを配置してのサービスは極めて重要ということになる。

こうした顧客重視のサービスは何も病院ばかりでなく、浜松市のN社でもかなり以前から行なわれている。N社の玄関を入ると、年配の女性が総合案内に立ち、見事なまでの対応で誘導してくれる。ちなみに、この女性は生え抜きの社員で、その接客サービスが社内外から高く評価をされ、六〇歳定年後も嘱託社員として再雇用されているという。会社のことはもとより、取引先のことなど知り尽くしていて、訪問した顧客の絶大な信頼を得ている。

近年、合理化の一環なのか、または押し売り排除をするためなのか、社内の総合案内スタッフを廃止し、電話を置き、「御用の方は直接担当者に電話をしてください」とする会社が増えている。しかし、あえていえば、専用の総合案内をつくるのはともかくとして、会社の玄関、またはその近くに何らかのスタッフを配置すべきではないだろうか。

というのは、私も経験があるが、初めて訪れた会社の場合、どの課がどの仕事を担当しているのかわからない場合が往々にしてあり、戸惑うことがよくあるからだ。そればかりか、たとえ百人の中の一人だとしても、変わったアイデアマン・情報マンを遠ざけてしまうことにもなりかねない。

（坂本光司）

48 献身的な運転手さん

私は毎年、一日か二日の旅だが、広島を欠かさず訪れている。それは十数年前、会社が危機に瀕した折、身を粉にして尽力してくれたB氏のところへお礼かたがた、その年の決算書を持って、その後の報告に行くためである。今年は、とりわけ仕事が忙しく、私の日程がなかなか取れず、とうとう十二月の半ばになってしまった。

新幹線で浜松駅を出発し、いつもの通り、広島駅で下車し、中央郵便局の前から名物の市電に乗り、終点を目指すことにした。ところで広島の市電は、いろいろな形の車両が走っていて、行くたび、乗るたびに変化があり、それは楽しい乗り物だ。

今回、偶然乗った電車は、わずか一両編成のワンマンカーだった。当日、車内はすいていて、先客は五、六人の女性だけだった。車内を見渡すと、車両のちょうど真ん中あたりに車イスの年配の女性がいて、傍らに介護の若い女性が立っていた。私は後方の座席に座りながら、「このステップの高い、古い形のこの電車に、あの車イスの女性は、どうやって乗ることができたのだろうか」とか、「それよりも、降りる時、車掌さんもいないこの電車で、一体どうやって降りるのだろうか」と少々心配しながら、車窓から広島の街並みを見ていた。

やがて電車は原爆ドームを過ぎ、とある停留所で止まった。すると一番前で運転していた運転手さんが、車イスの乗客のところに駆けつけ、車イスを引き、それをなんと一人で持ち上げようとした。それを見た私は驚いて、慌てて自分の荷物を座席に放り出し、そこに駆けつけ、運転手さんに、「手伝いますから」といって、二人で停留所のプラットホームに車イスを無事降ろした。

その運転手さんは私に、「ありがとう」と深々と礼をされ、その後再び運転席に戻り、電車は何事もなかったようにまた走り出した。一人で運転手と車掌の役を懸命にこなしているばかりか、弱者に優しい広島の運転手さん、私は電車に揺られながら、なんだか、やたらとうれしくなった。また来年も広島に行った折は市電に乗ろうと、今から決めている。

ところで、広島では交通機関同士の競争が激しく、同一路線上に複数のバス会社と市電が競合し、顧客獲得のための競争を繰り広げているとのこと。地元の知人の話では、このためか、最近は交通機関のサービスが一段と良くなってきたという。市電の運賃も以前は確か一五〇円だったのが、今回は一二〇円まで値下げをされていた。

いずれにしても、競争の原理が働き、それを勝ち抜くために積極的な行動をすることは、結果として、自らの利益になって還元されるという当たり前のことが、この広島の市電では実践されていると思った。運賃の値上げで利益を確保するのではなく、値下げとサービスの充実で顧客の増加を図り、結果として収益の確保を目指している広島市の市電に今後とも期待をしている。

（深澤紘一郎）

49 薬を買ってきてくれた仲居さん

私が中学生の頃、盆休みを利用して、父と二人で福井県の若狭へ旅行に行った時のこと。この旅行は盆休みに入ってから計画したもので、それゆえ、宿も決めずに出発した私たちは、現地の観光案内所で、その晩の宿を何とかとった。そしてその後、海岸沿いを車で回り、魚が釣れそうな場所で釣りを楽しんだ後、日暮れ前には観光案内所で紹介された宿へと向かった。その宿は主要道路からずいぶん入った場所にある、部屋数十室ほどの平屋建ての和風旅館だった。

車を降り、玄関を入ると、奥から仲居さんが一人出てきた。名前を告げると、観光案内所から連絡が入っているようで、その仲居さんは、「遠くからようこそ。おつかれさま」といいながら、すぐに海に面した部屋へと案内をしてくれた。部屋で少しの時間くつろいだ後、食事時間までまだ間があり、また昼間、魚釣りをしている最中に、私が虫に刺され、腕が痛がゆかったこともあって、薬を買いに行きながら、宿の近辺を散策することにした。

玄関に行くと、ちょうど先程部屋を案内してくれた仲居さんがいたので、「薬屋さんが近くにありませんか」と聞くと、仲居さんは、「どこか具合が悪いのですか。風邪や胃腸の薬ぐらいでしたらここにおいてありますから」といってくれた。私が腕を見せながら、「虫刺されの薬が欲しい」ことを告げると、仲居さんは私の腕を心配そうに見ながら、「あいにく、よく効く薬を切らしてしまっていて。それに薬屋さんは少し離れた場所にあって、わかりにくい所だから、私が買いに行ってきます」という。私が「散策ついでに買いに行くので」と辞退すると、仲居さんは、それではと丁寧に地図を書き、そしてその薬屋さんの場所を詳しく説明をしてくれた。

宿を出た私は町並みを散策しながら、薬屋さんへと向かったが、私の方向音痴のせいもあって、なかなかお店を見つけることができず、そのまま手ぶらで宿に帰った。宿に帰ると、例の仲居さんが「薬屋さんはわかりましたか」と聞くので、「場所がわからず、薬を買う事ができなかった」ことを話し、部屋に戻った。

部屋に戻った後、食事前まで時間があったので、お風呂に入り、そして食事の時間になると、その仲居さんが再びやってきて、「食事の準備をさせてもらいます」といい、テーブルを片付けはじめた。片付けながら、その仲居さんは私に小さな紙袋を渡してくれた。その紙袋には薬屋さんの名前と住所が書いてあり、その中には虫刺されの薬が入っていた。私が礼をいうと、「早く治るといいですね」といいながら片付けを終え、部屋を出て行った。

夕食の準備で忙しいはずの時間帯、しかも近くの薬屋さんは、おそらく営業していなかったはずで、どこまで買いに行ったのかわからないが、その仲居さんの気遣いが、虫刺されから解放されることよりも遥かにうれしかった。

（村松真）

50 店は掃除で蘇る

全国にカレーハウスチェーンを展開しているKという名のカレー店がある。創業は一九七八年、夫婦で一号店を名古屋市外にオープンし、以後、懸命な努力が実って、現在では、売上高四六九億円、従業員数六二一人、そして店舗数は七〇〇店舗以上という、業界では最大手の企業だ。残念ながら、私は一度もお店に行ったことがないのだが、そのお店を訪れた友人らの話によると、カレーの味・豊富なメニューもさることながら、そのお店で働く店員さんたちのサービスが素晴らしかったという。

私は、その言葉を聞き、更に興味を持ち、そのカレー店から、会社に関する資料の送付を依頼したところ、多くの資料を受け取ったが、その中で〝店は掃除で蘇る〟と、表紙に書かれた小冊子に注目をした。この小冊子は、お店に備え付けられたアンケートハガキに記されたお客様の声をまとめたものだ。

ちなみに、アンケートハガキは、一日平均一一〇〇通、直接、社長室や本部に届けられているようで、その内容も励ましの声、お叱りの声、出店希望の声など多岐にわたってている。当社では、このアンケートハガキが店舗運営、新商品開発に役立っているという。

今回、この小冊子の中で取り上げられているのは〝店は掃除で蘇る〟というタイトルからもわかるように、店員さんの掃除の取り組みに関するものだ。顧客から当社に送られてきた、当社の社員が取り組む掃除に関する内容で、紹介されているハガキは、どれも素晴らしく、感心させられるものばかりであった。そのなかからいくつか紹介すると、「日も暮れているのに、店の周りのゴミ拾いをしている店員さんがいて、感心した」「店の近くの道路の中央分離帯の草むしりをしている店員さんがいて、見ていて気持ちがよかった」「店員さんが外の掃除を、他のお店のほうまでやっているのを見て感心した」「公園の掃除・奉仕作業にも積極的に参加してくれ、とても助かっている」等々となっていて、このお店の社員の、街の美化等、地域社会に貢献しようとする意識の高さを感じることができた。

どこの飲食店でも、店内と入り口周辺の掃除をするのは当然のことだろうが、ここまで広範囲に積極的に掃除をする店は少ないと思われる。お店が、ここまで掃除を徹底している理由が、この小冊子に書かれていたが、その言葉もまた感心させられる。

少し長くなるが、その全文を紹介したいと思う。それには、「近隣掃除を本格的にやりつづけると、店は少しずつ強くなります。良くなります。お客様に喜ばれ、信頼されます。ますます期待されます。私たち自身も、前向き・積極的になり、自信が持てるようになります。結果として、店の売上げは伸びます。必ず伸びます。唯一の欠点は、ただただ、強い精神力と大きな苦労を伴うことです。だからこそ価値があるのです。掃除は、感謝と信頼と向上心の、最高の表現法です」と書かれていた。本当に素晴らしい姿勢だと思う。

外食産業に限らず、企業の競争は年々激しくなっているが、そのなかで、このお店が急成長している理由が、よくわかったような気がした。そして私は、今すぐにでもお店に行き、その感動的な光景とサービスを見てみたいと思った。

（坂本洋介）

51 被災地へのボランティア

阪神淡路大震災からしばらく後、全国各地の企業調査にお伺いした折、必ず最後に、「御社では、被災地の人々にどういう支援をされましたか」と聞くことにしていた。

社員のボランティア活動を認め、派遣する会社。提供できる生活用品を全社員から集め、それを被災地にトラックで運び続けた会社。全社員の旅行積立金を全額解約し、見舞金として被災地に寄付した会社。等々、規模の大中小を問わず、多くの日本企業の行動に感動を覚えた。同様の質問をした会社は、およそ五十社にも及ぶが、そのなかで、とりわけ感動を覚えたのは、兵庫県のM社と岐阜県のM社だった。

なお、兵庫県のM社は調査の過程で、別の会社から立派な会社があるという情報を得て、いてもたってもいられず、アポイントを取り、初めて訪れた企業だ。聞くと、兵庫県のM社は刃物メーカーということもあって、復興に役立つ、数千本もの新品のノコギリなどの刃物を被災地に寄付する他、全社員で相談して、「今一番大切な、悔いのないことをしよう」ということになり、全社員二四〇名を三グループに分けて対応したという。

その三グループとは、

一つは、被災地に行き、常駐し、復興の応援をするグループ。

一つは、兵庫の本社で飯炊きをし、それをピストンで被災地に届けるグループ。

そしてもう一つは、会社に残り、通常勤務を続けるグループ。

これらをローテーションで回したという。しかもそれを、およそ三カ月間、実施しつづけたのだ。

「いかに高収益の企業でも、よく会社がもちましたね」と私がいうと、社長は、「正直この間、会社は赤字になりましたが、この間、三分の一の社員が、実質、土日返上で働き、またその後も全社員が、その分を取り戻そうと懸命に働いてくれた結果、その年度は収支トントンでした」という。加えて、「でも私も社員も今、満足感に浸っています」ともいった。

そしてもう一つの岐阜県のM社に訪問した時の話にも驚いた。というのは、兵庫県のM社同様、M社は兵庫県及び隣県の自社の支店・営業所はその間、実質休業し、ボランティア活動に当たらせたり、M社が住宅設備メーカーということもあり、その部品の寄付をしたことはいうまでもないが、とりわけ驚いたのは、債権放棄の話を聞いた時だ。

もう少し説明をすると、岐阜県のM社は、被災地域の卸売業者や工事業者に一〇億円近い売掛金や受取手形を有していたが、それを猶予したのでもなく、半分に減額したのでもなく、〝保有する債権全額〟を放棄したという。M社が年商三〇〇億円を誇る中堅企業といえども、どえらい金額だ。

しかし、M社のY社長は、「こういう時のために、社内ではケチケチ運動を続け、そのくらいの積立金はありますから」という。ちなみにM社は昭和四〇年、わずか三人でスタートした会社だが、今や従業員八〇〇人を抱える中堅企業にまで成長・発展している超優良企業として、とみに有名だ。

ともあれ両社とも、今もって市場から高い評価を受け続けていることを見るにつけ、「正しき経営は滅びない」ということをあらためて確認した。

（坂本光司）

52 店員でわかる店の文化

ある年の夏、私は一人、オートバイで北海道を旅していた。十日間という短い期間だったが、とても充実した旅だった。その多くの感動のなかで、とりわけ忘れることのできない感動を私に与えてくれたのが、Mという名の小さな和菓子屋さんだ。

私がこのM店を見つけたのは偶然からだった。本州から北海道に渡って三日目のこと、道東を走っていた私は、ある和菓子店を探していた。それは道内では知らない人はいないだろう、Wという名のチョコで有名なR和菓子店だ。

私はこのR店にとても興味があった。というのは、私の所属する大学のゼミで教授が優良企業として紹介し、「もし北海道に行く機会があったら訪ねてみなさい」と、よく取り上げていたお店だったからだ。

過去十年以上増収増益、その利益率は一〇パーセント以上、商品や顧客ばかりか、自社の社員にも真心を尽くしたその経営姿勢を、ぜひこの目で見ておきたかったのだ。残念ながら道東ではR店を見つけることはできなかったが、帰りがけの小樽でようやく、小さな店舗だったが、見つけることができ、中に入って、店内、そして店員をしばし観察させていただいた。

正直、その素晴らしさは、学生の私がいうのもなんだが、まさに聞いたとおりの超一流だと感じた。

ともあれ、このR店を探し回っているなかで偶然見つけたのが、M和菓子店なのだ。場所ははっきり覚えていないが、その日の昼下がり、バイクに乗って、R店を探しつつ知床を目指していた私の目に小さな和菓子屋さんが見えた。時間に余裕があったので、バイクを停めて店内を見学してみた。和菓子屋さんらしい古風な雰囲気を強調した落ち着いた感じの店内で、心が和んだ。

お店の中を一望し、この店が『米』にこだわったお菓子作りをしていることが理解できた。店内でキョロキョロしていた私に、女性店員の一人が「何かお探しですか」と聞いてきた。「このお店のお奨めは何ですか」と聞き返してみると、その女性店員は、親切にも店内のお菓子を一つずつ説明してくれ、そのなかでも人気の高い「黒米餅」と「赤米餅」という二つの和菓子を私に奨めた。

この二つの和菓子を、少しだけだが買い求め、どこで食べようかと思っていた。すると別の女性店員が、「今お茶を出しますから、どうぞこちらで召し上がっていってください」という。その言葉に甘えたかったが、オートバイでの旅の途中だった私は、少々汚らしい格好をしていたのでそれを遠慮して、バイクを停めてある外で食べることにした。

バイクに座って、いざ食べようとすると、先程の女性店員が店から出てきた。なんと冷たい緑茶をわざわざ持って来てくれたのだ。

本当にうれしかった。そしてその女性店員は笑顔で「お菓子のパックは下においで置いていただければ結構ですから……」という。おそらく、バイク乗りの私が、そのパックの処分に困ると思い、いってくれたのだろう。冷たい緑茶とおいしい和菓子を頂き、バイクのエンジンをかけて出発しようとすると、その音を聞いて、また店員さんが出てきて、「どうもありがとうございました。また立ち寄ってくださいね。お気をつけてよい旅を……」と、笑顔で手を振り、私を見送ってくれた。

私は、今までこれほどまでの感動サービスを受けたことがなく、正直とても感激した。「働いている店員を見れば、おのずとそのお店の文化が見えてくる」

まさにこのことを実感した一日だった。またいつの日か、北海道に行く機会があれば、このM店に必ず立ち寄りたいと思う。

53 社員思いに徹する

先日、二十年来の研究仲間である、県庁職員、元職員、市町村職員、団体職員、経営コンサルタントに加え、特別参加の中小企業経営者や大学生など異人種約五十人とともに長野県の伊那市に出掛けてきた。

猛暑のなか、また行楽シーズンということもあり、バス一台をチャーターしての移動は、行きが五時間半、帰りは五時間という長旅になったが、そこでのあまりの現実に、参加者一同圧倒され、疲れより遥かに感動・感激のほうが大きな、価値ある一日だった。

五時間半もかけて、わざわざ伊那市を訪れたのは、もとより大いなる目的があった。というのは、交通不便で、いまだに田園風景を残す山間の小さな町に、これぞ二一世紀型企業といっても過言ではない、モデル中のモデル企業が、この地に光り輝き、立地している

（小杉直記）

からだった。

私は、ここで行なわれている現実を、地域経済活性化や地域産業の支援に日夜取り組んでいる仲間たちに、自分の目で確かめてもらいたかった。加えていえば、未来の地域社会の担い手として大いに学び、そして強く、優しく生きてほしい学生たちには、空理空論ではなく、生きた経営学を存分に学んでほしかったのだ。

その企業とは、寒天トップメーカーのＩ社である。

かつて斜陽産業といわれ、縮小、撤退、倒産の歴史を繰り返したなかにあって、当社は独り例外的に成長発展を続け、今や、売上高一一〇億円、従業員数三〇〇人を超え、国内マーケットの約八〇パーセント、世界マーケットの約一五パーセントを占める、業界では世界最大・最強企業だ。

更に驚かされるのは、高い成長性と収益性であり、前者は創業以来四十四年連続増収、また後者はすでに二十年以上、一〇パーセントを超える売上高経常利益率を持続している点だ。

業界全体が衰退傾向にあるなかで、Ｉ社は四十四年連続で売上高を伸ばし、かつ業界の平均利益率である二パーセント前後を五倍も上回っているのは、まさに驚異的といえる。

それではなぜ、I社はこの間一度も停滞することなく、成長発展しつづけてきたのだろうか。

あえて一言でいえば、原理原則に基づいた正しい経営が、この間一貫して実践されてきたからに他ならない。より具体的にいえば、①無理な成長を追わない、②敵をつくらない、③成長の種まきを怠らない、④社員を犠牲にしない、といった経営学がそれだ。

とりわけ、そのための徹底した社員志向経営には驚かされる。このことはI社の社是・モットーが、①企業は社員の幸せを通じて、社会に貢献すること、②企業は企業のためにあるのではなく、そこで働く社員のためにある、③社員一人一人が、職場に所属することの幸せをかみしめられるような会社を創ろう、と高らかに明記していることからもよくわかる。ちなみに、I社は過去四十年間、一人のリストラも行なわなかったばかりか、この間、自己都合以外で辞めた社員も一人もいないという。

余談になるが、美しい、まるで庭園のような工場敷地内は、常にゴミ一つ落ちていないばかりか、四季折々の花や木が美しい姿を見せてくれているが、これはI社の社員全員で始業前や休日に、自主的に清掃をし、手入れをしているのだという。

こうした社員思いの企業の存在を見せつけられると、「生き残りのためリストラは当然」

とか、「今はリストラを行なう千載一遇のチャンス」といった、昨今よく見られる社員軽視の経営のやり方、社員に対する見方は明らかに間違っていると思える。我が国企業が、I社をモデルにリストラの罠から一日も早く決別し、人間経営にひた走ることこそ、国民の願いだろう。

（坂本光司）

54 人件費はコストではない

国際的産業調整が一段と加速したこの一年、我が国企業の人減らしを中心としたリストラは、かつてなく大規模かつ広範囲に行なわれた。依然解消されない三つの過剰や、一段と縮み志向化する消費経済、更には企業の最大コストが人件費であり、かつそのレベルが、アジア諸国の十倍から四十倍の高さになってしまっていることを考えれば、やむを得ない苦渋の選択ではないかという向きも多い。

こうしたなか、昨今、心ない一部企業において千載一遇のチャンスとばかり、オーバーキル的な雇用放出や魔女狩り的な人減らしに走る動きも少なからず見受けられる。

しかし私は、こうした一方的なリストラや、リストラは当然といった風潮を決して認めるわけにはいかない。もちろん、リストラそのものを否定しているわけでは決してない。あえていえば、トップ層にたいしたメスも入れず、また社内において所得再配分や、ワークシェアリングといった、痛みをともに分かち合うといった大家族的諸施策を何ら行なわず、まるでトカゲのシッポ切りのようなリストラを認め、許すわけにはいかないのだ。

というのは、私の持論でもあるが、企業経営の最大、最高の使命は「全従業員の物心両面での幸せを念じ、図ること」であり、またそもそも〝人財〟とは好不況に右往左往し、切ったり貼ったりするような〝材〟ではないからだ。もっとはっきりいえば、好況を持続させるのも、また不況を克服させるのも、人財こそが唯一の担い手なのだ。

こうした思想に基づく〝人本経営〟は、超優良企業ではすでに当然のように実施されている。事実、好不況に全く関係なく、長期にわたり好業績を持続している企業を調査分析してみると、例外なく、その最大の特徴は、人への冷たいリストラ等は、この間一度も行なわず、一貫して人財重視経営、社員重視経営、三位一体経営を貫いている点である。

例えば先日、中小企業経営者とともにI社を訪問した折、I社のT社長は開口一番、リストラは当然と公言する大企業トップの新聞記事を私たちに示しながら、「これは間違った経営」とまでいいきった。それもそのはず、I社では、過去四十年以上リストラの「リ」の字も行なっていないばかりか、今後ともやるつもりは毛頭ないという。

その理由をT社長は、「人件費はコストではないから」という。つまり企業経営の最高、最大の使命・目的は、従業員を幸せにすることであり、その人にかかるお金はコストではなく、目的そのものだという。

T社長は、「リストラをするということは目的そのものを否定することだ」とまでいった。こうした発言を私と一緒に聞いていた中小企業経営者は、しばし声を失っていた。

（坂本光司）

55 増大する住宅のリフォーム需要

夜中、パタン、パタンと音がする。「うるさいな！　何の音だろう？　どこの家だろう？」などと思いながら朝を迎える。妻にその話をすると「家のトタンよ」と返事が返ってきた。

我が家の車庫の二階は倉庫兼多目的ルームとして造ってある。その二階へ上る階段の踊り場の屋根の塩ビのトタンが割れ、風にあおられては音を立てていたのだ。

早速直さなくては、と我が家を建ててくれたI建築店に電話をすると、「わかりました。手が空いたら見に行きます」という返事をもらった。しかし、待てど暮らせど一向に来ない。強風が吹くたびにパタン、パタン音がして、たぶん近所の方は「うるさいな。眠れやしない」といってるだろうなと考えると、肩身の狭い思いで一杯になる。

再度、I建築店に電話をすると「トタンの修理だけじゃ……。足場も用意せにゃいかんし」という返事が返ってきた。私も必要な費用は仕方がないと考えている。この建築店さんにとって新築は儲かるからやりたいけれども、面倒臭くて細かな修理などは儲からないからやりたくないのだろうか。

そこで、以前我が家の車庫のシャッターを直してもらった方で、その後独立して外構工事を主にしているO工房に依頼してみると、気持ちよく引き受けてくれた。一、二日内に見に来てくれ、車庫の二階部分だけでなく、妻が以前二階から物干し竿を落として壊したテラスの屋根もついでに修理してもらった。

その後も、洗面所の水廻りで漏れているような音がするので見てもらいたいといえば、すぐに来てくれて床下に潜って調べてくれるなど、親身になって相談に乗ってくれる。出張料や調査費は無料だった。我が家では二年ほど前にキッチンのリフォームと雛人形の収納棚の取り付けをしたが、これもO工房に依頼したのはいうまでもない。

これからも老後に備えて、エレベータの取り付けや、屋根裏収納庫、外壁塗装、テラス、庭などあれこれ考えているが、すべてO工房にお願いしていくつもりだ。

新設住宅着工戸数は一九九〇（平成二）年の一七〇七千戸をピークに減り続け、二〇〇一（平成一三）年には一一七〇千戸と三〇パーセント以上減少している。また、全国の総世帯数四四二三八千世帯（平成一〇年）に対して、住宅総数五〇二一六千戸（平成一〇年）と世帯数を住宅数の方が上回っていて、そのうち空家は五七六四千戸（平成一〇年）にも上る。

さらに、少子化、競争激化による建築単価の下落等、住宅建築業界にとって冬の時代は、これからも続くだろう。しかし、一方では中古住宅の流通や高齢化によるバリアフリー化など、住宅リフォームの需要は増していくものと考えられる。住宅リフォームは将来性が大きい一方で、新築に比べ、売上、利益、生産性等、いずれの面においても低い。だからといって、嫌がっていては売上はジリ貧になっていくばかりか、それをきっかけに新設需要からも見放されてしまうだろう。

（坂井光蔵）

56 時間外の対応

私はその日、朝から風邪気味で、少し熱もあった。しかし、どうしても外すことができない用件が入っていたので、家で寝ているわけにもいかず、とりあえず風邪薬を飲み、多少の無理をして出掛けたのだ。

家を出てからも、体調は一向に良くならず、相変わらずつらい状態だったが、約束していた用件を済ませようと、待ち合わせ場所へと急いだ。つらいながらも何とか用件を済ませることができ、私は一安心した。しかし安心したのが良くなかったのか、朝の時点よりも一段と状態が悪くなっていたようで、どうにも我慢ができなくなった。しかし、すでに時間も遅く、病院は当然、診察時間を終えており、また薬局も、とうに閉店時間を過ぎたようで、店員さんが、入り口を閉めきった薄暗い店の中で片付けを終え、帰ろうとしている様子だった。

しかし私は少しでも体調を良くしたいと思い、おそらくバイトの人なのだろう、その店員さんに、無理を承知で「閉店時間を過ぎていて申し訳ありませんが、風邪をひいていて体調が悪く、自宅までは我慢ができそうもないので、薬を売っていただけませんか」と聞いてみた。その人は、自分では判断できないようで、奥に入っていき、何か話している様子だった。

しばらくすると、店長らしき人がやってきたので、私は先程と同じことを伝えた。話を聞き終えた店長さんは、つらそうな私を見て、即座に事務所に走っていき、一〜二分ほどで戻ってきた。戻ってきた店長さんの手には、風邪薬だろうか、小さな瓶が握られていた。

私が財布を取り出し、「ありがとうございます。おいくらですか」と聞くと、店長さんは、「法律上、この時間帯は薬を売ってはいけないことになっているので、店の事務所に常備してある薬しか出せませんが、これでよろしかったら使ってください」と優しく差し出してくれた。更に私がお金を払おうとすると、「これは売り物ではありませんし、お客様が苦しんでおられるようでしたので、薬局として当然のことをしただけです」といい、決して代金を受け取ろうとしなかった。

私は驚いたと同時に感動した。お店は閉店していたにもかかわらず、こちらが一方的な無理な注文したのだから、普通は断られて当然のはずだ。しかし、この薬局店は、私の無理な注文に対し、嫌な顔一つせずに対応してくれた。その薬のおかげで、体調もだいぶよくなり、無事に自宅へと戻ることができたのだった。

（澤井理人）

57 サービス？　過剰サービス？

数年前、妻と二人で京都旅行に出掛けた時のことだ。当日は朝から何かと慌ただしく、静岡駅に着いた時には、新幹線の出発時間まで、あと数分に迫っていた。新幹線の自動改札を大慌てで潜り抜けると、発車を知らせるベルが鳴り響いている。指定席券を事前に取っていたので、乗り遅れては大変と思い、妻をせきたて、階段を駆け上り、ようやく新幹線に乗ることができた。

息を切らせながら、指定席の車両まで五〜六両車内を歩き、ようやく席に座ることができた。その車両はがらがらで、我々のほかに人も見えない。ともあれ、ようやく息も静まり、二人でホッとしていると、車掌さんが現われ、「切符を拝見します」という。

ポケットから切符を取り出して見せると、「この切符は一つあとのひかり号のものです」という。なんと、列車を間違えて乗り込んだらしい。

「すみません。急いでいたので、間違ってしまいました」というと、その車掌さんは、「結構ですよ。この車両は、いつも比較的すいていて、今日は団体客の予定もなく、そんなに混雑することはありませんから」という。「それに今日は、このこだまが少し遅れてしまったこともあり、次のひかり号と五分程度の間隔しかなく、勘違いされたのでしょう。駅の案内がきっと不十分だったんだと思います」と、我々ではなく、JR側に非があるというのである。

その話を、ある会合で仲間たちにすると、その一人Y氏は、それは得した。自分の時は全く逆で、「自由席に行くか、ここに座っているならば指定料金を払うか、どちらかにしてください」といわれたという。Y氏は腹立たしかったので、「では乗らなかった指定席券の払い戻しをしていただけますか」と聞くと、その車掌は、「その列車はすでに静岡駅を発車しており、あなたの指定席をJR側では、別の人に売ることはできませんでしたから、払い戻しは無理です」といったそうだ。Y氏は、仕方なく指定席料金を払ったといい、「その列車は目的地まで、わずか五〜六人が乗車していただけで、ガラガラだったんだぞ」と、その時のことを思い出して怒りを新たにしていた。

条件的には、私の場合と全く同じだが、私が体験したサービス、Y氏が体験したサービスは全く異なっている。JRの内規がどうなっているかは定かでないが、おそらく規定上でいえば、Y氏への対応が正しいのかもしれない。逆に私と妻への対応は、規則破り、過剰サービスであると、仲間からは非難されるかもしれない。

しかし、あえていえば、大型連休や盆暮れならともかく、平日の、ガラガラにすいていた列車で、また両者とも、どう考えても悪意ではなかったということを考えると、私は、心優しく対応し、顧客サイドに立ったサービスを実施してくれた車掌さんのほうを高く評価したい。

この議論を聞いていた別の仲間が、「それよりJRのあのサービスは何とかならないか」とまくし立てた。あのサービスとは、ホームライナーという列車のことだ。静岡県を走る東海道本線には、普通列車、快速列車、通勤快速列車、そしてホームライナーが走っているが、このホームライナーは快速、通勤快速と同様、静岡県内の主要駅のみ停車する列車で、異なるのは、少しお洒落なグリーン車的な感覚の車両である。その分だけ料金も高く、乗車するには三一〇円の乗車整理券が必要となる（一区間でも終点までも同一料金というのは、少しおかしな気もするが……）。

とにかく、仲間が気に入らないというのは、料金のことだけではない。運行しているホームライナーが、わずかの本数とはいえ、発車するのが、ちょうど残業をして帰る時間帯、また県外出張から新幹線での帰途、在来線への乗り継ぎが便利な時間帯に重なっているからだ。私も時々、このホームライナーで帰ることがあるが、いつもほぼ満席だ。JR側は大成功と思っているかもしれないが、おそらく大半の乗客は快適だから乗車するではなく、この時間帯、一分でも早く自宅に帰りたいだけなのだ。みんなが帰宅を急ぐ真冬の寒い時間帯に、こうした列車を通すのが、本当のサービスなのか疑わしい。

（坂本光司）

58 弱者のために存在する

島根県太田市から車で二十分くらい行った山間の地、石見銀山の近くに、一見、民家かと見間違えるような建物の会社がある。この会社こそ、義肢・義足・装具など医療福祉機器分野で、今や世界的に著名なN社なのだ。N社の創業は一九七四年。アメリカで修行を終えたN氏が、故郷に帰り、一人で起こした会社だ。その後の努力が実り、今や従業員数は八〇名を数え、全国にある同業者約六〇〇社のなかでもトップクラスの規模と実績を誇る。私は数年前にN社を訪問して以来、今もN社長と親しくお付き合いをさせてもらっているが、これほど人の胸を打つ経営を行なっている企業も珍しい。

そのいくつかを紹介する。

第一は、モンゴルの少年への献身的サービスだ。N社長の話では、数年前、モンゴルの、とある草原で大火災があり、それを消そうとした少年が大火傷を負い、ついには両足を付け根から切断してしまったという。そのことを、ある新聞記事で知ったN社長は、いてもたってもいられず、知人に頼み、また現地の新聞等にも広告を出し、この少年を一年近く探し続けた。N社長は、遊牧民族であるモンゴル人が足を失い、馬に乗れなくなったなら、遊牧が不可能になるだろうと心配したのだ。

ともあれ、ようやく、その少年を探し出したN社長は、治療費どころか、日本への渡航費、滞在費等、その費用をすべて持ち、この少年に両足をプレゼントした。そればかりか、今後も恵まれない世界の子供たちに役立つ会社でありたいという。

第二は、従業員への献身的サービスだ。一九七四年、日本に帰り、事業を始めて数カ月経った頃、知人の息子さんの就職を頼まれた。その子は、身体が弱く、就職先がなかなかなかった少年だった。しかし当時、N社長は自分の給与もろくに稼げなかった時期であり、一瞬その採用を迷ったという。しかしすぐに、〝弱者の役に立つ会社〟を社是に創業した会社ではないか、と自分自身にいい聞かせ、採用した。

採用当時、その少年は想像以上に虚弱で、会社の始業時間から就業時間までフルに働けるようになるまで約十年かかったそうだ。この間、一時間働いては二日間休み、また出勤すると、一時間三十分働くが、また三日間休むという状態が続いた。しかしN社長は、「この子はこの子なりに精一杯努力している」と、一進一退とはいえ、彼の懸命に生きる努力、会社に貢献しようという姿勢を見過ごさなかった。

今この少年はN氏の右腕として、N社の中核的社員として頑張ってくれているという。

そして第三は、元従業員へのサービスだ。いつか訪問した折、N社長の案内で、本社から三〇メートルくらい離れた〝ギャラリー小さな店〟という名のお店に行った。そこでN社長は私に、「彼女が店長の〇〇さんです」と八〇歳くらいの女性を紹介してくれた。

聞くところによると、創業当初、彼女はN社の事務・経理を一手に引き受け、頑張ってくれた元社員だそうだ。N社長は、その女性に「健康な限り、いつまでも会社にいてください」と強く慰留したが、彼女は、「皆の足手まといになるし、もうこの会社には若い優秀な社員が育っている」と強く辞退された。それでやむなく、N社長は彼女のために、わざわざ、お店をつくったのだという。その小さなお店には地域の人々が手作りで作った生活雑貨やお土産が所狭しと並べられていた。

N社の感動経営学は、こうしたことだけではない。まだ売れない、地域の芸術家の卵たちを支援するため、「なかむらホール」という名のホールを建設し、彼らに無償解放している他、ハンディキャップを持つ若者を、意識的に多数雇用している。N社長は、「この子らに雇用の場・自己実現の場を提供しつづけるため、退歩は許されないのです」と話してくれた。N社こそ感動経営学のモデルだと思う。

（坂本光司）

59 アルバイト店員からの手紙

夕食をとろうと、友人と浜松市内にある回転寿司チェーン店「K」を訪れた時のことだ。食事時ということもあり、店内はカップルや家族連れでごった返していた。我々は十分ほど待たされた後、カウンター席に案内された。席に着くと、隣の席にいた五〇代ぐらいの男性が食事を終え、席を立ったばかりで、すぐさま高校生らしきアルバイト店員が片付けにやってきた。

我々が席に案内された後も、次から次へと席待ちの客が増えており、アルバイト店員は相当あせった様子で片付けを始めたが、案の定、注意散漫になっていた彼は、醤油の入った皿をカウンターテーブルの上に落としたのだ。その際、飛び散った醤油が私の服に掛かってしまったのだが、幸いにも私は黒い上下を着ていたので、さほど気にも留めず、「気にしないでいいよ」といった会話を二、三交わしたあと、アルバイト店員は深々と頭を下げ、奥の職場に戻っていった。

食事を終え、空腹を満たした我々は会計を済まそうとレジへ向かった。その時、奥から責任者らしき男性が現われ、「先ほどは当店のスタッフが十分お詫びもせず大変失礼をいたしました」と頭を下げてきたのだ。報告しなければ、そのまま忘れ去られてしまうような出来事を、アルバイト店員は、上司に報告していたのだ。そして、その責任者らしき人は、「この度は大変不愉快な思いをさせてしまいましたので、お詫びとして商品券をお渡ししたいのですが、あいにく切らしておりまして……。差し支えないようでしたらお名前とご住所を教えていただけないでしょうか」と申し出てきた。私は少し得した気分になり、名前と住所を教え、店を後にした。

数日後、この回転寿司チェーン店・Kから郵便が届いた。早速開封すると、千円の商品券とワープロ打ちされた詫び状が入っており、それにメモ用紙らしき紙が一枚添えられていた。そのメモ用紙を広げると、お世辞にも上手いとはいえない字で、あのアルバイト店員からのお詫びの文章がしたためられていた。マニュアルに沿った文章ではなく、彼自身のストレートな気持ちを表現した文面で、しかも手書きだったことに私はなんともいえない感動を覚えた。その場しのぎや、上辺だけの対応でなかったことを、この時、再度実感したのだ。

各家庭へのパソコンの普及率も増し、年賀状や暑中見舞い等々、ちょっとした手紙もパソコン等で綺麗にそして簡単に作成できる時代。しかし、それに慣れてしまい、本来手紙の持つ人間の温かみが薄れ、どこか味気なさを感じているのは私だけだろうか。我々が忘れかけている、人と人との交流、ふれあいから生まれる温かさを提供することこそ、サービスの基本ではないだろうか。

（杉山友城）

60 金融機関のいろいろ

とある日曜日の午後、私が部屋の片付けをしていた時のことだ。目に付く場所はすでに終え、タンスやクローゼットの中を整理していた。私は、あと少しですべてが終わるという時、なくてはならない場所にそれがないことに気づいた。

私は血の気が引く思いがした。「それ」とは、私の少ない全財産の入った、郵便貯金や銀行預金の通帳と印鑑である。一週間前に預け入れや振込みなどを行ない、それ以来、一度も目にしていなかったものだ。

私はかなり動揺したのだろう。半日かけて片付けた部屋は、以前よりひどい状態になってしまっていた。外出先で落としたことを確信した私は、電話帳を開き約五カ所の金融機関に通帳の停止処理の依頼をした。私の動揺を察したのか、親身になって行員も局員も対応してくれた。幸いにも他人に引き落とされたという記録もなく、胸を撫でおろした私は冷静さを取り戻し、散らかった部屋の整理を再開した。その時、ふと思い出した。その場に行き、ゆっくりとそこを開けてみると、落としたと確信していた通帳と印鑑があったのだ。

先ほど親身になって対応にあたってくれた方々に対して罪悪感を覚えた私は、お詫びを兼ねて今後の対応の方法を聞くため各金融機関に電話をした。初めにS銀行、続いてH信用金庫に電話をしたが、こちらのミスにもかかわらず、各行員は通帳と印鑑が見つかったことを自分のことのように喜んでくれた。私がとても清々しい気分になったことはいうまでもない。しかし、この気分も、最後に電話を入れた金融機関の職員の対応によって壊された。その職員に私の思い違いによるものであったことを伝えると、あきれ声で「あっそーですか。よくあるんですよね。明日通帳停止の解除手続きに来てください」といい、電話を切られたのだ。

翌日、私は解除手続きのため各金融機関を回った。H信用金庫で手続きを終え、時計に目をやると、一五時まであと五分しかないではないか。最後に行く予定のS銀行までの移動の時間を考えると一五時を回ってしまうことに気づいた私は、断られることを覚悟で、S銀行に電話をした。最初に電話に出た女性行員に、「今回手続きができないと、次回いつ伺えるかわからないので何とかしてくれないか」と懇願すると、その女性行員は「結構ですよ。お困りでしょうし、到着したら裏口まで……」と即答してくれた。一五時を十分ほど回ってから私はS銀行に到着し、裏口のインターフォンで行員を呼び出した。現われた女性行員は不愉快な顔を一切見せず、「お待ちしておりました。今回は大変でしたね」と笑顔で出迎えてくれた。

ここ数年で約百五十の金融機関が破綻、二〇〇二年四月にはペイオフ解禁となり、ますます消費者にも銀行を見抜く目が必要となってきた。金利面からいえば、いずれも〇・〇何パーセントと、どこの金融機関も変わらず、いずれの金融機関も個人預金者獲得には、金利面以外の差別化が求められるのではないだろうか。

利用者が置かれた状況をいち早く察してくれた、S銀行の心のこもった対応も、今までにない差別化の一例ではないだろうか。

（杉山友城）

61 ルールを破らない店員

甘いものに目がない私は、旅先では必ずといっていいほど、その土地で人気のあるお菓子屋を探しては旅の思い出としている。数年前、大阪を訪れた際、宿の女性従業員から、行列ができるチーズケーキ店・Rがあると聞き、早速その店へと向かった。

案の定、店の前には三十人ほどの列ができており、私は、その列の最後尾で順番を待つことにした。順番を待っている間も私の後ろには続々と人が並び、三十分ほど待たされただろうか、やっとの思いでチーズケーキを一つ手にすることができた。

そして、帰りの新幹線の中で、期待を膨らませながら包み紙を開き、チーズケーキを口にした。長く待たされ手にしたこともあり、その味は格別だった。同時に、また大阪を訪れる機会があったら、必ずR店に立ち寄ろう、大阪土産として必ずこのチーズケーキを買って帰ろうと決めていた。このことを知人に話すと、「ぜひ食べてみたい」というので、必ず買ってくると約束をした。

数カ月後、再び大阪への旅行が決まり、日程調整をしていた私は、最終日の午後は半日掛けてR店で買い物をすることにした。十個ほど買い求めようと思っていた私は、R店ではチーズケーキは一人二個までしか買えず、それ以上の場合は再度列の後ろに並ばないといけないというルールがあることを知っていたからだ。すべての客に対して平等を期するためのルールである。

当日、すべての用件を済ませた私は、十個買い終わるまでに何時間かかるのだろうかと不安を募らせながら、R店へと足を運んだ。しかし、幸いにも店の前には行列ができていなかった。また店内にも、チーズケーキが焼きあがるのを待つ客が三人ほどいるだけだ。私もその客たちと焼きあがるのを待つことにした。

他の客が支払を済ませ、いよいよ私が「チーズケーキを十個頂きたい」と申し出ると、店員が不思議そうな顔をしている。私が繰り返すと、その店員は「お一人様二個までとなっております」というではないか。他の客がいる時なら納得できるが、辺りを見渡しても客は私しかいない。「納得がいかない」と数分店員とやり取りをしたが、やはり「当店の決まりですので」としか返ってこない。

不愉快になった私は「一度店内から出れば売ってくれるのか」と尋ねると、「その都度二個までならお売りできます」というではないか。それが不満なら、買ってくれなくて結構といわんばかりの態度なのだ。唖然とした私は、もう買わずに帰ろうかと思ったが、知人との約束を思い出し、二個買っては外に出て、また二個買うといった行為を数回繰り返したのだ。そして、二度とこの店では買い物をしないと心に誓った。

店員がルールを破っていたとしても、結果的には私が十個のチーズケーキを手にしていたことを考えると、モノを手にしたという満足感だけではなく、手にするまでの過程で受ける感動を消費者は求めているのではないだろうか。

（杉山友城）

62 もう一度会いたくなる女将さん

私にはもう一度会いたい女性がいる。東京都内の居酒屋Eの女将さんである。

私が以前勤めていた会社は、年に一度、十月に東京で開催される展示会に自社の製品を出展している。展示会は三日間行なわれ、その間の宿は会場近くに取り、夕食は必然的に外食になってしまう。上司と夕食を取ろうと、ふとEという居酒屋に立ち寄った。暖簾をくぐると、店内は仕事を終えたサラリーマンやOLでごった返しており、我々はカウンターの一番隅に案内された。

生ビールと焼き鳥、肉じゃがを注文し、一時間ほど上司と食事を楽しんだ私は、アルコールが入っていたこともあって、カウンターの中で調理をしている女将さんを捕まえ、浜松から仕事で東京へ来たことなど、取り止めのない会話を交わした。やがて食事を終え、店を出て、上司と「料理も悪くないし、また行きましょう」と話しながら宿へ向かった。

それから一年が経ち、また展示会で東京に行く機会ができた。宿も一年前と同じで、居酒屋Eしか食事をする場所を知らなかった私は、仕事を終えるとすぐに夕食を取ろうとEへと足を運んだ。暖簾をくぐると店内は一年前となんら変わらず、若いサラリーマンやOLでごった返している。カウンターに腰を下ろしメニューを広げていると、女将さんが私に話しかけてきた。その言葉に私は驚かされた。

「浜松の子だよね。今年も展示会で来たの」というではないか。一年前、たった一度だけ訪れた私を覚えていてくれたのだ。そして、カウンターの上に「これ食べなさい」と小鉢を一つ置いた。その小鉢を覗き込んだ私に、「肉じゃがが好きだったよね」というと、女将さんは去っていった。その時、私は確信した。ここに来る客は食事を楽しみに来ているだけではない、この女将さんに会いに来ているのだと。

女将さんに興味を抱いた私は、女将さんと若いサラリーマンの会話に聞き耳を立てた。サラリーマンは仕事の悩みを打ち明け、女将さんが親身になってアドバイスをしているではないか。私も、一年間身の回りに起こった出来事などを話し、「また来年来るからね」と約束し店を後にした。しかし、その後、会社を辞め、東京へ行く機会が少なくなってしまった私は、この二年間女将さんに会っていない。

注文された品物を提供し、腹を満たさせることが飲食業の最大の使命だが、居酒屋Ｅは心まで満たしてくれる。女将さんの人間味あふれるもてなしの心が真の感動サービスではないだろうか。昨今デフレ経済といわれ、どの業界でも価格競争が激化し、消費者ニーズはすべて価格に重点が置かれていると思われがちだが、価格ではなく、ほかの何かを求める消費者がいることを忘れてはならない。

すなわち、魅力あふれる店員、人間味あふれる店員を育て、モノだけではなく、心のやすらぎをも提供できる店作りに力を注がなければならないのではないだろうか。

（杉山友城）

63 利用者不在

先日、ある町役場主催のシンポジウムの講師を依頼され、もう一人の講師である大学の同僚と二人で、隣町のTという名の旅館に宿泊した時のことだ。

豊富な海の幸を売り物にした温泉町ということもあり、同僚と相談し、当日はおいしい魚料理が食べられる所、値段が手頃な所、露天風呂がある所、などといった点を重視し、インターネットやガイドブックで宿泊先に関する情報を集めた。

調べた旅館・ホテルの宿泊代は、民宿やペンションは別として、ほとんどが一泊二食税別で一万五千円以上、なかには四万円以上という施設も多くあった。ともあれ、〈海の幸を会席料理で〉というキャッチフレーズと宿泊代を最重視し、結局、Tホテルに予約を入れることにした。

早速電話をすると、「その日は宿泊客が多く、あいにく一万五千円の部屋は空いておらず、二万円の部屋が空いているだけ」だという。加えて「海側の部屋できっと気に入っていただけると思います」という。他のホテルの大半もほぼ二万円以上だったということもあり、仕方がない、と予約し、出掛けた。

ホテルに到着し、手続きを済ませ、それから展望風呂に入り、時間になったので同僚と二人、個室の食事処に向かった。戸を開けると、長テーブルには所狭しとばかり、様々な料理が並べられていた。二人はそこに座り、あらかじめ頼んであった生ビールを持ってきたくれた仲居さんに「この後は何が出るのですか」と少し皮肉を込めて聞くと、仲居さんは「あとはご飯と、お味噌汁が出ます。その時は電話をしてください」といって出ていった。並べられている、てんぷらや茶碗蒸しなど、本来、温かくあるべき料理のほとんどが冷め、一方新鮮であるべきナマモノは、しばらく前に切ったような刺身類が大半だった。お皿は間違いなく高価なものだったが、中身はイマイチだった。

それゆえ、何かもう一品という思いの我々は、仲居さんに電話をし、一品料理のメニューを持ってきてもらった。仲居さんがいうには、特に評判がいいのは鮑の踊り焼き（一個丸ごと焼いたもの）だというので、頼もうとして「値段は」と聞くと、「一個五千円です」という。酒の勢いで、からかい半分、「もう一度いってください」といってみたが、その仲居さんには通じないようで、けげんな顔をするばかりだ。

我々は、宿泊代が二万円で、鮑一個が五千円ではと、もう一度メニューを見せてもらい、一番安かったステーキ（千八百円）を頼んだ。やがて仲居さんが持ってきてくれたステーキを、単身赴任で料理に詳しい同僚は、「スーパーで買えば、三、四百円かな」と、小声で値踏みした。

ともかく食事を終えた我々は、露天風呂に入って部屋に戻ると、ようやく落ち着いた。同僚が喉が渇いたから何か飲もうと、部屋の冷蔵庫を開けてみた。ビールを取り出し栓を抜こうとしているので、私が「値段表を見るから少し待って」とメニューを確認すると、ビール一本（中瓶）七百三十円、サイダー一本三百五十円、等々となっている。同僚は笑いながら「お茶でいいよ」といい、その夜は遅くまで、真の「CS（顧客満足）」について大いに語り合った。

翌日、朝食のため部屋を出て、廊下を歩いていると、同僚が「昨晩、自分たちの向かいの部屋（山側）は○○トラベルと入室者の名前を書いた紙が貼ってあったが、泊まった様子がない」という。廊下を歩きながら調べてみると、○○トラベルと書かれた紙が張ってある部屋は計五部屋もあった。山側だから、きっと料金が安いに違いない。予約をした折、一番安い部屋でいいと私は依頼した。その時の返事は「海側の二万円の部屋しか空いていない」だった。

このホテルは、どうやら重大な勘違いをしているらしい。帰りの列車の中、「今回もまた良い勉強をした。はっきりしたのは、もうこのホテルには二度と泊まりたくないということだ」と同僚は、笑いながらいう。

（坂本光司）

64 患者をVIP扱いする

私の八〇歳になる母親が長い間お世話になっているS医院がある。幸い、私はこの数十年間、病気らしい病気をしたことがなく、S医院で一度も診察を受けたことがないので、以下のことは私の実体験ではない。しかし、もう二十年以上も、定期健診や病気の都度、お世話になっている私の母親の話や、その友達のお婆さん、お爺さんたちの会話を、医院への送迎時に聞く限り、S医院のS先生の対応には、胸を打たれることが多い。

私が送迎する日は、月一～二回の土曜日だけなので、毎日のことかどうかはわからないが、診察が始まるかなり前から、待合室は患者さんでごった返している。うわさを聞きつけ、医院から遠い地域から、わざわざやってくる患者さんも多いという。

どこがどう良いのか、私にはよくわからないが、母親やその友人たちの話を総合すると、その秘訣は治療技術もさることながら、患者への対応、つまり〝顧客サービス〟が優れていることだと思われる。

聞くところによると、おそらく数百人以上もいるであろう患者さんの、名前はもとより、その性格・家族のこと・趣味など、つまりカルテ以外のこともちゃんと理解・認識し、その患者に合う話と話し方で、実にざっくばらんに、かつ優しく扱ってくれるのだそうだ。

先日も、母親が血圧が上がり少し出血をしたというので診てもらったが、帰りの車中、「S先生から、たいしたことはない、この健康状態なら百歳まで保障する、と褒められた」と喜んでいた。間違いなく、S先生は体の傷の名医だが、そればかりか、心のトゲ抜きをしてくれて、更には〈気〉を高めてくれている。

余談だが、私はこの世に生きている証明のために、毎年一冊から二冊の本を、かれこれ二十年以上も書きつづけている。そしてそのおよそ五百冊を、いつも出版社から買い取り、常日頃お世話になっている人々や、支えていてくれる人々に、送りつづけているが、S先生には、母親が直接プレゼントするからと、その都度、持っていく。口ではいわないが、母親はそれを楽しみにしているようで、その本を話題にS先生との会話が広がっていくのだろう。年老いた母親のためにも、私は自分に鞭打ち、これからも新しい本を書きつづけねばと思っている。

こうした、一人一人の患者（顧客）の側に立った心温まる対応をしてくれる医院があるかと思えば、一方には、ただカルテを見るだけで、コミュニケーションもほとんどなく、ただ義務的に診察、治療をしているようなお医者さんも少なからずいるという。患者は、体の調子が悪いから重い腰を上げて訪れるのだ。その診察で、苦虫を潰したような顔と態度で対応されれば、患者は余計滅入ってしまう。それればかりか、「何か悪い病気では」と、余計な詮索をしてしまう。病院・医院もまたサービス業なのだ。その意味でも、S先生の言動こそが求められるものだろう。

（坂本光司）

65 鬼の門番

公共の集会施設は会場使用料が安く、機会があれば使ってみたい気持ちはあるのだが、正直、少し抵抗も感じる。というのは、全部とはいわないが、総じて使用条件が過度に厳格で、私自身ばかりか、仲間や顧客にも嫌な思いをさせてしまったことが、これまでに再三あったからだ。先日も、ある学会が開催される折、予算も少ないので、やむなくある公共の集会場を使用することになり、同僚と二人で申請のため施設の事務室を訪れた。

その時の事務員は、その人の性格なのか、何しに来たんだといわんばかりの態度で、一方的に貸し手の側に立った免責の理由をまくし立てた。

私は、こうしたことには慣れっこで、適当に聞き流していたが、東京からわざわざ来てくれた同僚は、隣で呆然と立ち尽くしていた。

ともあれ、「学会当日に何事もなければよいが」と思っていたら、残念ながら心配したとおりになった。

その日、午後四時までには閉会し、鍵を事務所に返却する取り決めになっていたのだが、議論が白熱し、気が付くと時計は四時一〇分頃になっていた。事前に会議室の使用状況を見た際、当日は我々の会合だけが入っており、そのため少しくらい延びてもという安易な気持ちも正直あった。

すると入り口のドアから強面の例の事務員が突然現われ、「時間が過ぎているから、部屋を閉める」と大声で宣言したのだ。司会者が「あと五分程度で終わりますから」と頼んだが、ダメの一点張りで、とうとう、中部・関東から集まった研究者たちは、もう〇〇市で開催するのは懲りごりだという顔で、会場を後にした。その後、鍵を返しにいった同僚が、こっぴどく叱られたのはいうまでもない。

もちろん、ルールに基づき、例外を決して認めない、一途なこの強面の事務員が悪いといっているわけではない。時間を守らなかった我々にこそ責任があるといえる。しかし、それでも、前後の状況から見て、もっと良い選択肢があったろうに、会場に怒鳴り込んでくるというのは、どう考えても非常識だと思う。この事務員は、ルールは顧客のためにあるのではなく、公共の集会施設や、それを運営管理する自分たちのためにあるのだと、勘違いしているのに違いない。

思い起こせば、同じようなことが二十数年前にもあった。当時私は、ある公共セクターで、調査や企画の仕事をしていたが、その一環で、県内中小企業者ら約千五百人を集めた大イベントを企画開催し、私が現場の総指揮官を務めたことがある。その頃、千五百人を収容できるような会場は〇〇会館しかなく、これまた使用条件が厳格と噂に聞いていたが、やむなく借りた。

当日は、あいにく暴風雨となり、九時からの入場というのに、八時三〇分頃には人々が玄関に詰めかけて軒下を求め、玄関付近はかなりの人でごった返していた。我々スタッフは準備のため、職員用通路から七時三〇分には入り、受付の準備などをしていたが、どう見ても当日の雨・風・寒さは異常だった。外を見ると、なかには六〇歳、七〇歳を越えているだろう年配者の姿も少なくない。会場はすでに準備ができていたし、お客様が気の毒なので、「今すぐ玄関を開けてあげてほしい」と、何度も何度も我々は担当者に懇願をした。

けれども、会館の責任者は「規則だから九時まで開けることはできません」の一点張りである。いいかげん頭にきた私は、「目の前にびしょ濡れになりながら、ブルブル震えた人がいるではないか。あなたはそれが見えないのか。この責任は私がすべてとる」とどやしつけ、強引に入り口を開けさせた。

幸い、この後のお咎めはなかったが、ルールからいえば、私は組織人としては失格、始末書ものである。しかしながら二十年以上たった今でも、あの時の我々の判断は、間違っていなかったと確信している。


（坂本光司）

66 従業員を愛すれば……

数年前、感動サービスの調査のため、大学院生たちを連れて、京都のMタクシーを訪問し、副会長のA氏にインタビューをした。

M社はかつて、業界が護送船団方式での運賃の値上げを繰り返すなか、「顧客のためにならないことはしない」と一人反旗を翻して、業界から総スカンを喰らい、また、当時の運輸省からは睨まれつづけた会社だ。

それでも顧客は正直で、逆にM社のこうした姿勢を一貫して高く評価しつづけ、結果としてM社は、業界の低迷を尻目に、毎年、売上高を伸ばしている。その秘訣は、M社のドライバーのマナー・接客サービスが抜群に良いことにある。私も妻も京都が好きで、毎年のように訪れているが、その都度M社のタクシーに乗車している。料金が他社と比較して安いこともあるが、ただ安いからというだけで選んだことは、最近では一度もない。サービスが良いから、気分が良いから、乗っているのだ。

ともあれ、A副会長は我々の質問に時々涙を浮かべながら、苦しかった過去を思い出すように熱く語ってくれた。

A副会長は、「我が社の今日の繁栄は、目標・志が正しかったからだといい切る。その目標とは、第一は、ドライバーの生活向上と地位向上に全身全霊を傾けること。第二は「わが社はお客様のために存在する」をトップポリシーに、すべての発想、経営の仕組みを顧客満足に置くこと。そして第三は、その担い手たるドライバーの教育にどこよりも投資をすることだという。

一九六〇年にタクシー十台でスタートした当時、仕事の当日になって「体の調子が悪いから休む」とか、「昨日眠れなかったので、朝ではなく午後から勤務する」といってくるドライバーが多く、数カ月間ほとんど商売にならなかったという。副会長は、はじめ、そんな勝手なことをいうドライバーはクビにしようかと思ったが、「なぜあの真面目なドライバーが、突然休暇や遅出にしてくれなどというのだろう」と疑問に感じ、採用したすべてのドライバーの自宅を訪問したそうだ。

するとほとんどのドライバーが、部屋数が一つか二つしかない小さな公営アパートに住んでおり、あるドライバーのアパートに訪問した時など、まさにワンルームで、赤ん坊が泣きじゃくっていたという。

副会長はこうした現実を目の当たりに見て、「休むな」「遅れるな」といいつづけた自分を責めるとともに、その後、銀行と粘り強い交渉を続け、おそらくタクシー業界では日本で初めてだろう、ドライバーのための2LDK、3LDKの社宅を作ったのだという。

飛行機の操縦士は〝パイロット〟と呼ばれ、世間の評価が高いが、なぜ同じ人を運ぶタクシードライバーは、単なる運転手と呼ばれ、社会的な評価が低いのか。そればかりかドライバー自身、自分を低く評価していたという。

ともあれ、Mタクシーではその後、ドライバーのために英国留学制度や学士ドライバー制度、更には全乗務員に日本赤十字救護員資格取得義務制などを打ち出し、ドライバーの地位向上と、彼らが自分自身とその職業に自信を持てるような制度づくりに取り組んだ。教育面では特に熱心で、箸の上げ下ろし的研修ではなく、毎月一回、約三時間かけて行なわれる、〝サービスの真髄〟についての全社員集会の開催、春・秋の一日研修、更には、お客様からのお礼状、苦情集の発刊による全ドライバーの情報の共有化と、信賞必罰を徹底して進めたのだ。

余談だが、私が何よりも感動したのは、制度の改革ではなく、副会長の経営姿勢そのものだった。副会長は、ほぼ毎朝、早朝ドライバーの労をねぎらうとともに、情報の共有化を図るため、営業所を回ってから本社に出勤しているという。ある日、「海外出張で、一週間くらい来れなくなるよ」と、出庫の支度をしているドライバーたちに伝えると、そこにいた一人のドライバーが副会長の履いている靴を指差し、「副会長、そのボロボロに磨り減った靴だけは替えていってくださいよ」といってくれたという。

M社のドライバーが我々に提供するサービスが、なぜ抜きん出て高いのか、その真髄を垣間見た気がした。

（坂本光司）

67 手本になるサービス

数年前、学生たちを十人ほど連れ、ある図書館に行った時のことだ。

目的は、県内に本社を有する主要企業二千社の過去十年間の売上高や利益、そして従業員数といった経営実態と動向を一社ずつ調べることだった。最近は、それらを収録したCD-ROMなども見かけるようになったが、十年間分となると残念ながらないので、昔ながらの手集計でのピックアップ方式で探さねばならない。それゆえ、手数が必要だったのだ。

その日は図書館前に朝九時に集合し、開館と同時に入室した。必要な資料を書庫から運んで長テーブルに並べ、あらかじめ決めた役割分担に従って、その作業は黙々と進められた。我々が入室している読書室は専門書コーナーということもあり、その日は他に利用者はほとんどいなかったが、なんせ七月上旬のこと、また我々の知恵熱も加わったのか、読書室は次第に暑くなってきた。あまりの暑さに耐えかね、隅で黙々と仕事をしている事務の女性に「エアコンはないのですか」と聞いてみた。

　すると、その人は、「他の部屋にはあるのですが、この部屋にはまだないんです。利用される方を見ていて、いつも申しわけないと思っているのですが、予算がなかなか付かないようで……」と、まるで自分にその罪があるかのように、平身低頭して説明した。そして「所々に扇風機がありますので、今日は他のお客様もいらっしゃらないので、どうぞそれを自由にお使いください」といってくれた。

　見ると我々の長テーブルの近くにも扇風機が一台あったので、書類が飛ばないよう角度を調整し、スイッチを入れ、「少しは涼しくなったね」といいながら、また黙々と作業に取り組んだ。

　しばらくして、周りに人の気配がしたので顔を上げると、先程の事務の方が、方々にあった扇風機を五～六台集め、我々のいる長テーブルの周りを囲むように置き、「これでもう少し涼しくなりますよ」といって、スイッチを入れてくれた。その時間帯、我々しかいなかったとはいえ、まるでＶＩＰのような対応だった。

　その日の昼食は、休憩がてら図書館の近くにあるファミリーレストランでとったが、食事をしながらの話題は、扇風機を出してくれた図書館の事務の人に集中した。学生たちは皆「うれしかった。あれが本当に顧客の立場に立ったサービスなんですね。社会に出たら自分も、ああいうサービスをするよう心掛けます」と口々にいう。

私は彼らの話を聞いていて、学生たちは一人の人間として、資料調べより遥かに大切な思いやり、真のサービスとは何かを体得してくれたと感じて、心が満たされた。

その後作業は閉館までかかったが、学生たちは、優しくしてくれたあの女性に、一人一人深々と「ありがとうございました」と礼をいい、図書館を後にした。私が帰り際に、「最高の教育をありがとう」というと、彼女は「私にも同世代の子供がおりますので」といった。

（坂本光司）

68 創業者は元公務員

滋賀県は琵琶湖のほとりに、Kという名の和菓子屋さんがある。そのお店は、商店街や住宅街ではなく、まるで農園か森林公園の中のような広大な敷地に、周囲に溶け込むように建っている。

数年前のこと、私は親しい研究仲間と十数人でこのお店を訪ねた。送迎バスを降り、名を告げると、着物を着た高齢のスタッフが我々を温かく迎え、建物に案内してくれた。

ちなみに、本社のあるこの地をK社では「寿長生の郷」と名付け、そのお店は顧客のためだけでなく、定年退職をしたすべての高齢者の幸せのため、「働く場」の創出を目的に作られたという。

ともあれ、その武家屋敷風の建物に入り、先ずは中の縁側に座って、梅茶など湯茶のサービスを受ける。そこは薄暗く、囲炉裏や一昔前の台所セットもあり、心が癒される。その後四季折々の花や木が植えられた小道を歩きながら、玄関に向かう。

その日は我々は、事前に「お手前コース」を予約していたので、庭園の中にある茶室に案内され、着物を着た女性が煎じてくれたお茶を頂いた。

圧巻はその時に出された茶菓子で、食べた瞬間、冗談抜きで、頰っぺたが落ちそうな、それはそれはおいしいお菓子だった。そう感じたのは私ばかりではなく、両隣に座った仲間と顔を見合わせ、思わず頷き合った。茶室を出る時、私はスタッフの一人に「このお菓子をお土産に持って帰りたいのですが」といったが、そのスタッフは、申し訳なさそうに「このお菓子は、とりわけ手間がかかり、かつ日持ちがせず、この茶室に来ていただいた方にだけ召し上がっていただいております」という。

その後、我々は研修室へ移動し、亡くなられたS社長を支え続けた、名補佐役のTさんから、創業から今日までの険しい道のりについて伺った。

創業者のS氏は、正義感のとりわけ強い人で、元は警察官だったとのこと。終戦後の混乱期、闇市で押収した品物を署内で仕分けしている時、それをネコババしようとした上司を見つけ、大声で「逮捕する！」とその上司に手錠をかけたこともあったという。

まさに警察官の鏡というべきだが、あまりの正義感のゆえに、当時の組織には馴染めず、二つの組織のトップ同士が相談して、不本意ながら、あるまちの事務吏員に転勤させられた。しかし、S氏の正義感と向上心はそこでも一向に衰えず、ついには努力が実って、若くしてそのまちの商業担当係長に抜擢された。

ある日、地元商店街の会合の折、S氏の一言が商店街関係者の強い反感を買い、卑怯にも彼らはまちのトップに対して、S氏を更迭するか土下座させるかしない限り、あなたの次期はないと脅したという。ちなみに会合では、商店街関係者のほとんどは、商店街低迷の原因をまちの政策の悪さと決め付け、参加したS氏ら公務員を攻め立てたという。

菓子小売店を経営する長老は、「自分の店はこの十年で、売上高が半分になってしまった。まちが魅力的な商店街作りのためのアーケードを作らず、流入客が減少したのが原因だ」などと大声でまくしたてたという。「返事をしろ」という声に、S氏は立ち上がり、「私たちの調査では、商店街への流入客はこの十年間で二倍に増え、商店街を構成するお店の半分は売上高も二倍に増えています。通行客は確実に増えており、魅力的個店作りに邁進したお店は繁盛しています」という主旨の内容の発言をしたそうだ。

やがてS氏は、上司に迷惑をかけたくないという思いもあり、役所を退職し、自身の正しさを、役所にも商店主にも証明するため、あえてお菓子の小売商店を創業し、今日を夢見て戦ってきたのだという。


（坂本光司）

69 「わざわざ客」と「たまたま客」

すべてとはいわないまでも、駅構内にある旅行代理店のサービスは、総じて物足りない。駅の中という絶好のロケーションにあり、集客の努力を大してせずとも顧客が集まってしまうので、やはりそこには、甘えがあるといわざるを得ない。

私も正直、あまりそこは利用したくないのだが、時間がない場合、便利というだけの理由で、仕方なく利用することがあるが、そのサービスに満足したことはほとんどない。

先日も事前にネットを通じて予約したクーポン券を取りに行くため立ち寄ったが、お昼時だったせいもあり、店内はごった返していた。例のカウンター機を見ると、先客が三人ほどいたが、駅構外の別の代理店に行く時間的余裕もないので、待つことにした。しかしながら、かれこれ十分ほど待っても、ちっとも順番が回ってこない。かといって、そのコーナーには先客も見当たらない。イライラしながら衝立ての中をふと見ると、四～五人のスタッフが、仕事のことかプライベートのことか定かではないが、なにやらニコニコ顔で話をしている。

待ちくたびれた一人のお年寄りが、「〇〇分の新幹線に乗らなければ、間に合わないので早くしてくれないか」と懇願をしているが、窓口に座ったスタッフは「順番ですから」と、全く聞き入れない。休憩か打ち合わせか知らないが、事務所の奥にスタッフがいるなら、対応してあげればいいじゃないかと、私は余程いおうかと思ったが、また気まずい思いもしたくないので、どうにか我慢した。

ところで、顧客には「わざわざ客」と「たまたま客」があるが、このお店は明らかに「たまたま客」中心であり、好立地の上に成り立つ束の間の繁盛にあぐらをかいているといわざるを得ない。

近年、CIの一環として、凝った内装のお店や、素敵なユニホームのスタッフが目立つが、顧客はそんな外見に期待しているのではなく、心根の優しい、真に顧客サイドに立脚したサービスにこそ期待をしているのだ。

こうした旅行代理店やスタッフがいるかと思うと、一方では、申し訳ないくらい高い顧客満足を提供してくれる旅行代理店のスタッフもいる。今その方は栄転で県外に行ってしまわれ、残念ながらそのサービスを日常的に受けることができなくなってしまったが、県内におられた頃は、彼がどこに転勤、配属されようが、私や、彼の人柄を知る私の仲間たちは、ほとんど彼のルートで旅行を手配していた。

例えば、宿泊するホテルの条件について我々が希望を出すと、あらゆる方法で情報収集に努め、時間があれば、自分の目で確かめ、間違いのないホテルを紹介してくれる。そして、クーポン券なども郵送ではなく、休日、夜間を問わず、わざわざ顧客の自宅に持参してくれる。そればかりか、彼の手配で泊まったホテルでは、なぜかＶＩＰのような待遇を受ける。

かつて私が、勉強仲間の中小企業経営者十五～十六人と海外視察を計画した折のこと、当時、彼が内勤になっていたにもかかわらず、仲間の経営者たちは彼の上司に直談判し、「彼が行かないなら、他の旅行会社にする」と懇願して、一緒に旅行に来てもらったのだという。

彼に頼むと、旅行代金が安くなるというわけでは決してない。我々がどんな無理難題を持ちかけても、何とかそれを実現してあげようとする、彼の提供する感動サービスに、かけがえのない価値を見出しているのだ。


（坂本光司）

70 本当に客を選ぶということ

国税庁の資料によると、わが国法人企業のうち、赤字法人比率は今や七〇パーセント前後に達している。それればかりか、より詳しく見ると、過去十年間、ほとんど利益を出すことができず、万年赤字状態になっている、いわば〝構造的不況企業〟が、全法人の約六〇パーセントもある。

しかし、別の角度からこれを調べてみると、逆に過去十年間、一度も赤字を出したことがなく快進撃を続ける、いわば〝景気超越型企業〟も、全法人の約二〇パーセントも存在している。その意味であえていえば、過去十年わが国企業の業績分布は、景気超越型企業が二割、景気連動型企業が二割、そして構造的不況企業が六割ということになる。かつてはこの比率が二：六：二といわれ、景気連動型企業が圧倒的多数であったが、今や環境の好転ではなく、自己経営革新をせずして、浮上することができない企業が圧倒的多数を占めている。こうなると、税理士・公認会計士の仕事も大変だ。顧客である中小企業はどんどん減少していくし、一方赤字企業からは、多くの顧問料・指導料も取れない。

こうした税理士・公認会計士でさえも受難の時代のなかで、全国の関係者から注目を集めている税理士事務所・公認会計士事務所がいくつかある。その一つが、浜松市の「S」事務所である。顧問税理士になってほしいという中小企業は数多いというが、S事務所が顧問先になる企業は、①志が高い企業、②上場・店頭公開を夢見ている企業、③家計と企業会計を完全分離している企業。それらに該当しない中小企業は、いくら熱心に依頼されても、顧問にはならないという。そればかりか、「将来、浜松地域から上場する企業のおよそ半数は、事務所の顧問先から出したい」とまでいい切る。

S事務所は、複数の税理士はもとより、IT技術者、中小企業診断士など、中小企業経営にとって有用な有資格者をほとんど揃え、ありとあらゆる相談にワンストップで対応できる体制を確立している。

しかし、今日のように多くの中小企業に認知され、評価を勝ち得るまでには、苦労が多かったという。例えば、その一つが、税理士事務所をスタートして間もない頃、友人の紹介で、ある鉄工所の顧問税理士になった時のこと。帳簿指導に出向き、伝票や領収書を整理していると、中から、休日にファミリーレストランで食事をしたと思われる領収書が多数出てきたという。S所長は経理担当の社長の奥さんを呼び、「これは家計から支払ってください。会社の経費では落とせません」と、その領収書を返した。すると、しばらくして顧問税理士解雇の電話があったそうだ。

また、ある商店に行くと、段ボール箱に山ほど伝票や領収書があり、これを整理し、元帳や試算表を作ってくれるように頼まれたという。S社長は「元帳や試算表を私がつくるのは簡単ですが、それではダメです。科学的経営を実践するためにも自分でつくるべきです。そうすれば必ずや全社的に利益意識・コスト意識が高まりますから」とアドバイスした。加えて、「もしその作り方がわからなければ、料金は要りませんから土曜日か日曜日に、私が出掛けてきて教えてあげます」とまでいった。しかしこの商店主も、S所長のこの「企業をより良くしてあげたい」という思いが理解できず、「もう来なくていい」と、やはり解約されたという。

それでもS所長は、この間、一貫して本当の意味で中小企業側に立脚したサービスを続け、今や志の高い地域中小企業にとって、なくてはならない事務所として期待は大きい。

（坂本光司）

◉——編著者紹介

坂本光司（さかもとこうじ）

1947年、静岡県生まれ。浜松大学教授、福井県立大学教授等を経て、現在、法政大学大学院政策創造研究科教授・同経営大学院（MBAコース）兼担教授、及び法政大学大学院静岡サテライトキャンパス長。
専門：中小企業経営論、地域経済論、地域産業論。

最近の主要著書：
『データで見る地域経済入門』共著 ミネルヴァ書房（2003年）
『岩波経済用語辞典』共著 岩波書店（2003年）
『この会社はなぜ快進撃が続くのか』著 かんき出版（2004年）
『地域産業発達史』編著 同友館（2005年）
『キーワードで読む経営学』編著 同友館（2007年）
『選ばれる大企業、捨てられる大企業』著 同友館（2007年）
『私の心に響いたサービス』著 同友館（2007年）
『消費の県民性を探る』編著 同友館（2007年）
『中国義烏ビジネス事情』編著 同友館（2008年）
『日本でいちばん大切にしたい会社』著 あさ出版（2008年）

自　宅：
静岡県志太郡大井川町相川1529
TEL(054)622-1717　FAX(054)662-1571

2002年　6月30日　第1刷発行
2010年　6月25日　第10刷発行

リピーターを呼ぶ感動サービス
——実例・チョットいい気分になる接客と顧客対応

編著者　©坂本光司
発行者　脇坂康弘
発行所　株式会社同友館
〒113-0033 東京都文京区本郷6-16-2
TEL. 03（3813）3966
FAX. 03（3818）2774
URL　http://www.doyukan.co.jp/

乱丁・落丁はお取替えいたします。　インターワーク／三美印刷／東京美術紙工
ISBN 978-4-496-03386-5　Printed in Japan